सफ़र

कविता और शायरी

श्रीराज मेनन

Made with ♥ on the Notion Press Platform
www.notionpress.com

क्रम-सूची

क्रम-सूची

क्रम-सूची

क्रम-सूची

क्रम-सूची

भूमिका

पुस्तक में लेखक द्वारा लिखित हिंदी कविताएँ और शायरी शामिल हैं। इसमें कविताएं, शायरी और प्रेरणादायक उद्धरण शामिल हैं।

इस पुस्तक में लेखक द्वारा लिखी गई कुछ कविताएँ और शायरियाँ हैं जो प्रेम, प्रकृति और जीवन के सामान्य दैनिक पहलुओं पर आधारित हैं। कुछ प्रेरक प्रसंग भी हैं। प्यार में पाया गया प्यार, खोया हुआ प्यार और फिर से जगा हुआ प्यार शामिल है। इसी तरह, प्रकृति में प्रकृति का महत्व है और लोग बिना किसी दुष्प्रभाव के प्रकृति का अपने फायदे के लिए दुरुपयोग करते हैं। सामान्य में जीवन के सामान्य पहलू होते हैं जो लोगों और परिवेश के साथ चलते हैं।

पावती (स्वीकृति)

मैं अपने उन दोस्तों को धन्यवाद देना चाहता हूं जिन्होंने मुझे कविताएं और शायरी लिखने के लिए प्रेरित किया, जिसे मैं कहता था और भूल जाता था। मैं Your Quote प्लेटफॉर्म और उसके सभी सदस्यों और समूहों को भी धन्यवाद देना चाहता हूं जिन्होंने मुझे अनुमति दी और मुझे इसके मंच पर अपनी सामग्री लिखने के लिए प्रेरित किया। मैं नोशन प्रेस और उसके सभी सदस्यों को भी धन्यवाद देना चाहता हूं जिन्होंने मुझे अपनी सामग्री को अपने मंच और समय-समय पर मार्गदर्शन के माध्यम से प्रकाशित करने की अनुमति दी, जो उन्होंने मुझे मेरी त्रुटियों को ठीक करने के लिए दिया।

1. मिलन की बेला

मिलन की बेला

आ गया रुत प्यार के मौसम का
इश्क़ में हो जाय मिलन की बेला

मिलन हो जाए वो दो प्यारे दिलों का
बरसों से जो तड़प रहा हैं मिलन का

— Raj

2. बिल्ली भी शेर

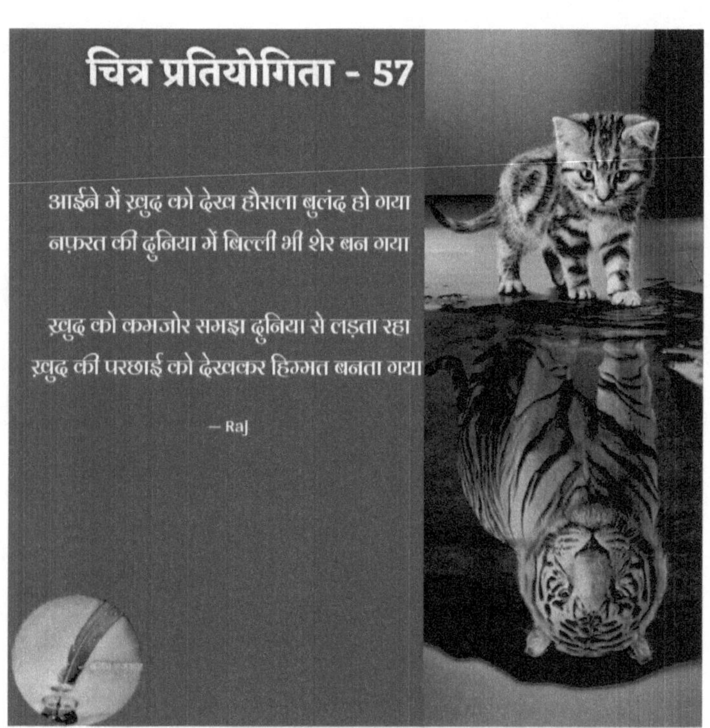

चित्र प्रतियोगिता - 57

आईने में ख़ुद को देख हौसला बुलंद हो गया
नफ़रत की दुनिया में बिल्ली भी शेर बन गया

ख़ुद को कमजोर समझ दुनिया से लड़ता रहा
ख़ुद की परछाई को देखकर हिम्मत बनता गया

— Raj

3. आशाओ के दीप

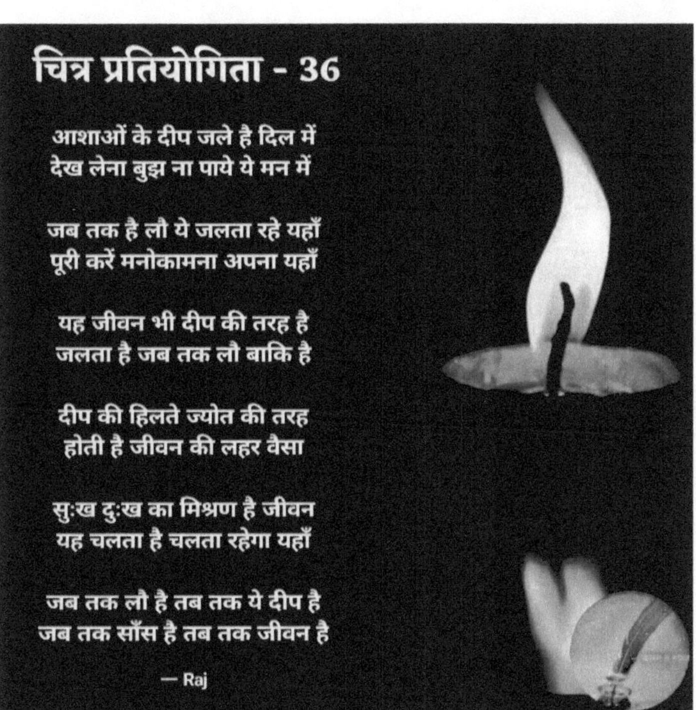

चित्र प्रतियोगिता - 36

आशाओं के दीप जले है दिल में
देख लेना बुझ ना पाये ये मन में

जब तक है लौ ये जलता रहे यहाँ
पूरी करें मनोकामना अपना यहाँ

यह जीवन भी दीप की तरह है
जलता है जब तक लौ बाकि है

दीप की हिलते ज्योत की तरह
होती है जीवन की लहर वैसा

सु:ख दु:ख का मिश्रण है जीवन
यह चलता है चलता रहेगा यहाँ

जब तक लौ है तब तक ये दीप है
जब तक साँस है तब तक जीवन है

— Raj

4. दीवाना कर गया

दीवाना कर गया

अदाह तेरी इश्क़ में दिवाना कर गया
महोब्बत में दिल को घायल कर गया

रह नहीं पाउँगा मैं अब तुम्हारे बिना
मोहब्बत सदा जवां रहेगा दिल में मेरा

- Raj

5. अपने पैरों तले

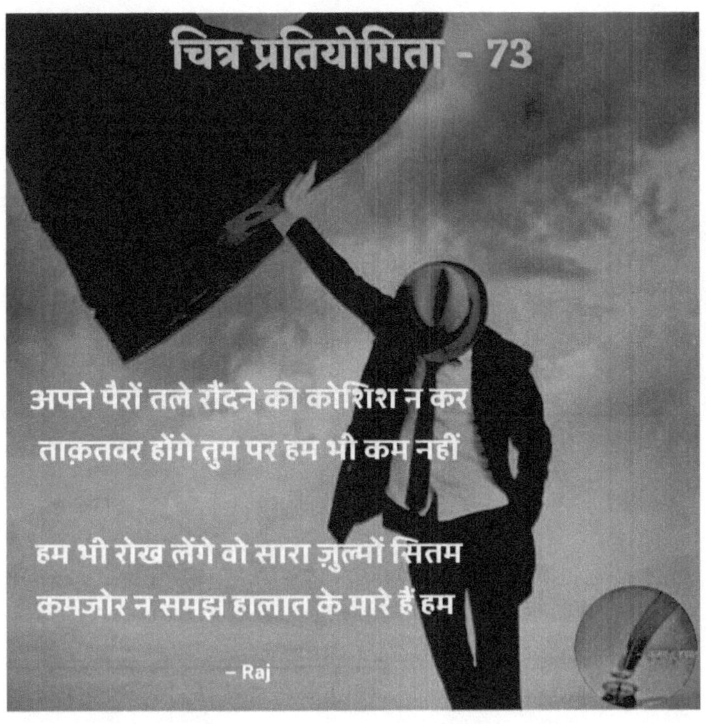

चित्र प्रतियोगिता - 73
अपने पैरों तले रौंदने की कोशिश न कर
ताक़तवर होंगे तुम पर हम भी कम नहीं

हम भी रोख लेंगे वो सारा ज़ुल्मों सितम
कमजोर न समझ हालात के मारे हैं हम

- Raj

6. आशियाँ

आशियाँ
अपनी आशियाँ बनाएँगे तिनका तिनका जमा कर
उस डाली पर बसाएंगे जहाँ कोई न पहुंचा कर
प्यार ही प्यार भरा होगा हमारा आशियाँ वहाँ पर
यह सब कुछ देखकर पूरा दुनिया होगा डाह कर
— Raj

7. सदा मुस्कुराते रहो

चित्र प्रतियोगिता - 83
अर्ज़ कुछ यूँ किया है ज़रा गौर फरमाइयेगा

चाहे कुछ भी हो ज़िन्दगी में सदा मुस्कुराते रहो
सब भूल कर हर पल हर घड़ी नाचते गाते रहो

चार दिन की ज़िन्दगी में दो दिन गुज़ार लिए ग़म में
बच गया वो दो दिन क्यों न ख़ुशियों में गुज़ार लें
— Raj

8. सब बदल गया

सब बदल गया..
बदला ये मौसम, बदला ये जहाँ
ख़ुशियाँ बदल गया दुःख में यहाँ

बदला ये कायनात, बदला आसमान
सब बदल गया पर बदला नहीं इन्सान
— Raj

9. रूठे रूठे शब्द

रूठे रूठे शब्द

बेरुखी सी अदाह और ये रूठे रूठे शब्द
दिल पर लगे चोट और होश हुए स्तब्ध

अब किसको सुनाऊ हाल दर्द-ए-दिल का
कौन सुनेगा और समझेगा परेशानियां मेरा

— Raj

10. नदी की धारा में

चित्र प्रतियोगिता - 77
बहाते है दीपक नदी की धारा में
उम्मीद कर आशाएं पूरी हो जहाँ में
पुष्पार्चना कर भगवान की चरणों में
मन्नते मांगते हैं परिवार की सुखों में
— Raj

11. ये मेरा सफ़र

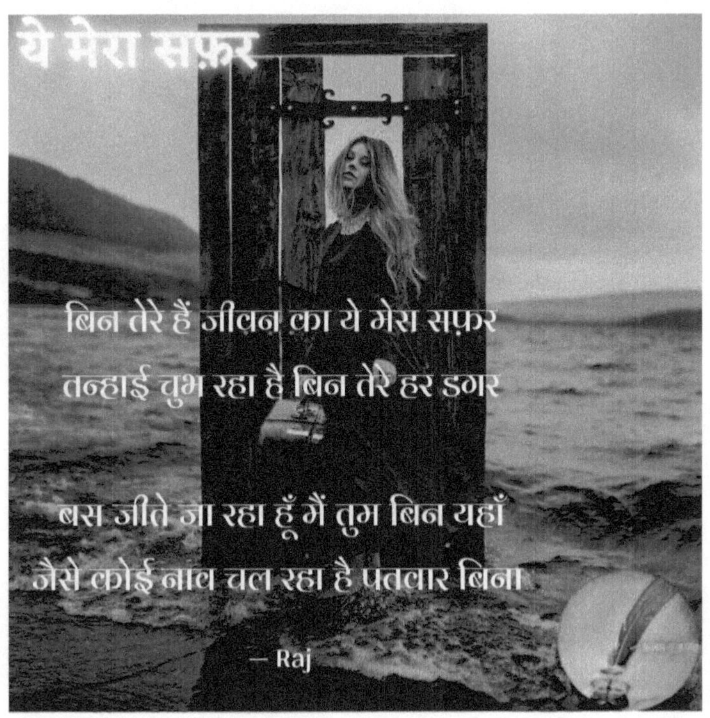

ये मेरा सफ़र
बिन तेरे हैं जीवन का ये मेरा सफ़र
तन्हाई चुभ रहा है बिन तेरे हर डगर

बस जीते जा रहा हूँ मैं तुम बिन यहाँ
जैसे कोई नाव चल रहा है पतवार बिना

— Raj

12. उधार का रिश्ता

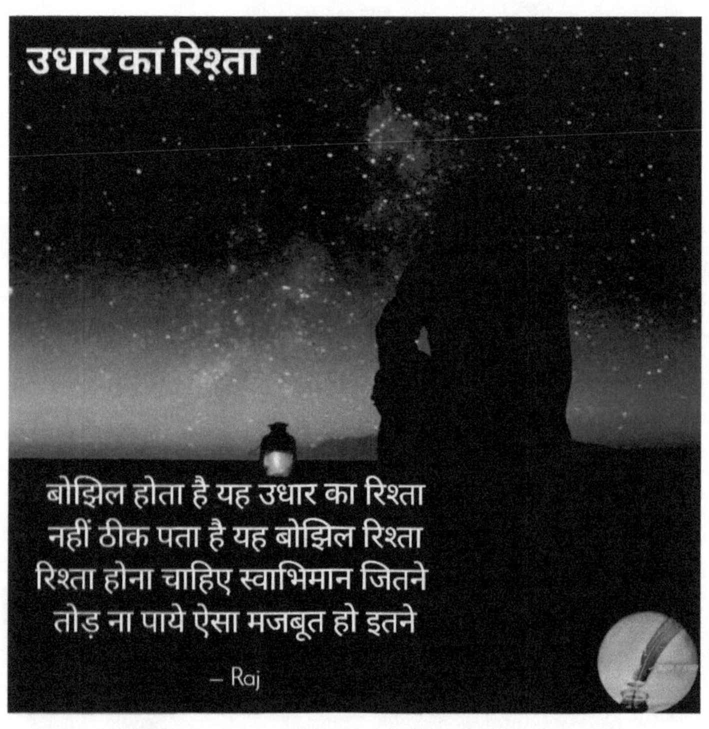

उधार का रिश्ता

बोझिल होता है यह उधार का रिश्ता
नहीं ठीक पता है यह बोझिल रिश्ता
रिश्ता होना चाहिए स्वाभिमान जितने
तोड़ ना पाये ऐसा मजबूत हो इतने

— Raj

13. सावन की झड़ी

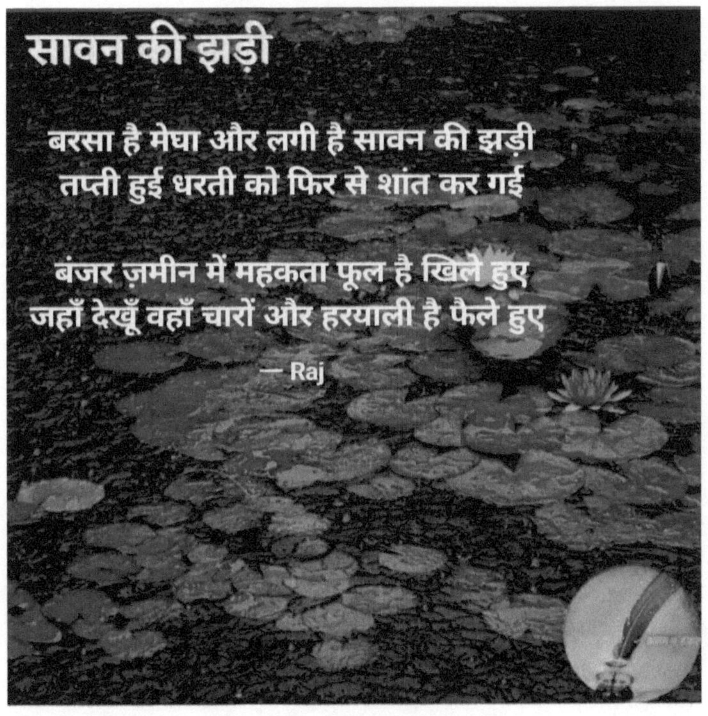

सावन की झड़ी

बरसा है मेघा और लगी है सावन की झड़ी
तप्ती हुई धरती को फिर से शांत कर गई

बंजर ज़मीन में महकता फूल है खिले हुए
जहाँ देखूँ वहाँ चारों और हरयाली है फैले हुए

— Raj

14. चाहतों का सफ़र

चाहतों का सफ़र

चाहतों का सफ़र यूँ ही चलता रहे दिल में

बहुत सुहाना लगे ये सफ़र तेरे ही संग में

दिल में मेरे ख़्वाहिश बहुत है पर क्या करें

कुछ अधूरे कुछ पूरे हो जाता है ख़्वाब मेरे

— Raj

15. ये रातें

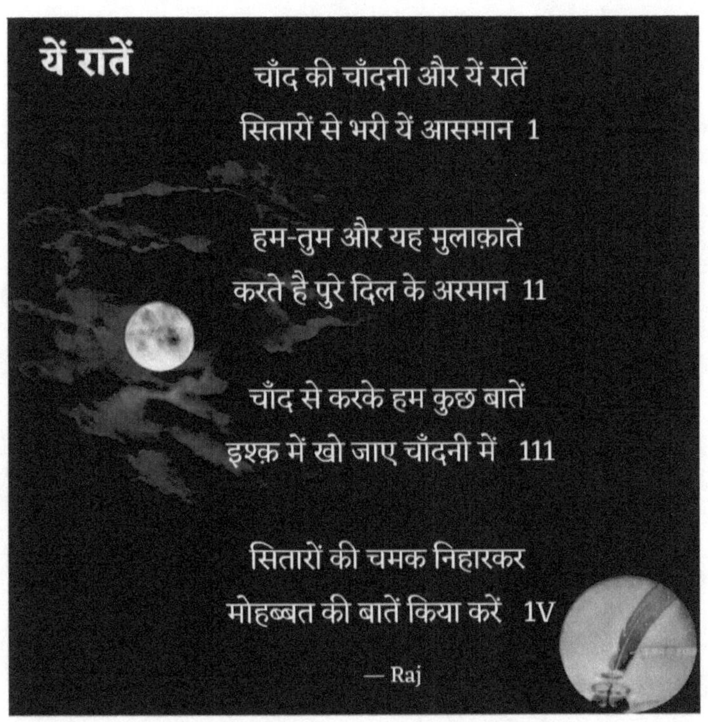
यें रातें
चाँद की चाँदनी और यें रातें
सितारों से भरी यें आसमान 1

हम-तुम और यह मुलाक़ातें
करते है पुरे दिल के अरमान 11

चाँद से करके हम कुछ बातें
इश्क़ में खो जाए चाँदनी में 111

सितारों की चमक निहारकर
मोहब्बत की बातें किया करें 1V

— Raj

16. चाँदनी रात

चित्र प्रतियोगिता - 45

चाँदनी रात और तुम हो मेरे साथ
फिर हो जाए चाहे इश्क़ की बरसात

उस दूर गगन में पूर्ण चन्द्रमा देखकर
बिताएंगे हर पल उस को निहार कर

हमें देखकर चन्द्रमा यूँ ही मुस्कुराये
उसकी चाँदनी से हर पल हमें सहलाये

वो नज़ारा भी कितना हसीन है यहाँ
चाँद भी होता है सितारों से घेरा हुआ

— Raj

17. चल पड़े मंज़िल की और

18. रौनक़-ए-महफ़िल

रौनक़-ए-महफ़िल
देखकर चेहरा तेरा दिल हुआ खिल
बनके दीपक है रोशन-ए-महफ़िल

तेरी ही ख्यालों में खो गया मैं हर दिन
आजा ज़िन्दगी में रह न पाऊँ तुम बिन

— Raj

19. दिल का मर्म

दिल का मर्म

दिल ही जाने दिल का मर्म
तुम्हारी राह देखना मेरा कर्म

राह देखते-देखते थक गया मैं
अब तो आँसू भी बह नहीं रहे

— Raj

20. दिल हथेली पर लिए

21. दिल की हर साज़

चित्र प्रतियोगिता - 85
दिल की हर साज़ पर इश्क़ की नग्म है
तुम नहीं यहाँ तो याद सता रहा है तेरे

इश्क़ की नग्म छेड़े है दिल की तार मेरे
यूँ गीत गाता रह गया मैं मोहब्बत में तेरे

— Raj

22. माह-ए-तमाम

माह-ए-तमाम
दिल में मचलता है ख़ुशियों का बाहर जब देखता हूँ मैं गगन में माह-ए-तमाम
यह चाँद की रौशनी और चाँदनी रात कुछ कहता हैं मुझसे यह बार-बार
करता है यह काले ताकत को दूर देकर प्रकाश हमें हर अंधेरा रात
होता है तीलीस्मि ताकत इस चाँदीन प्रकाश में जो करता है दिल को शांत
— Raj

23. रात जग रही है

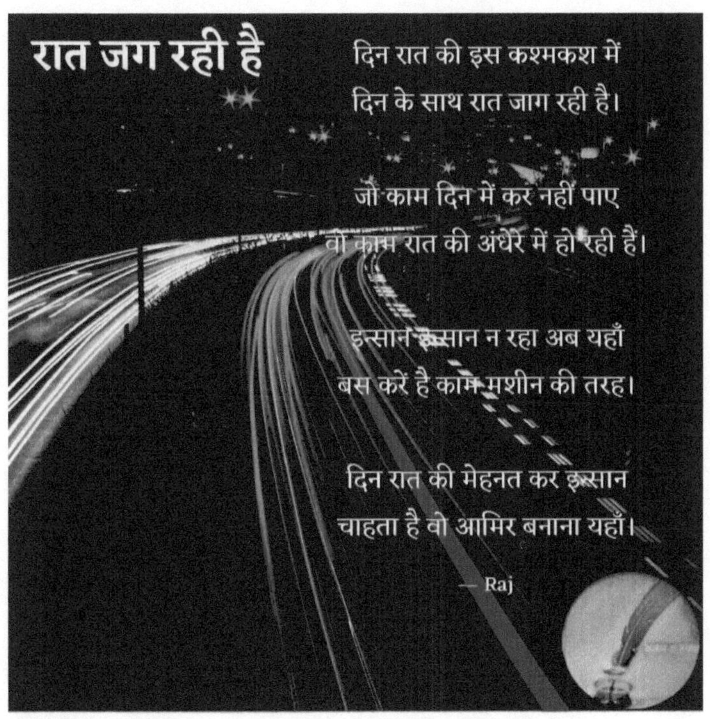

रात जग रही है
दिन रात की इस कश्मकश में
दिन के साथ रात जाग रही है।

जो काम दिन में कर नहीं पाए
वो काम रात की अंधेरे में हो रही है।

इन्सान इन्सान न रहा अब यहाँ
बस करें है काम मशीन की तरह।

दिन रात की मेहनत कर इन्सान
चाहता है वो आमिर बनाना यहाँ।

— Raj

24. दिलों का संगम

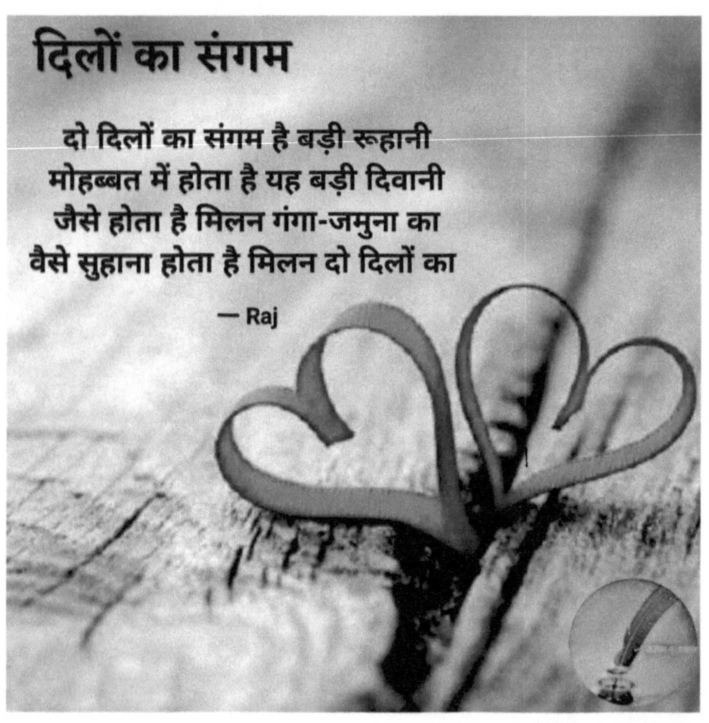

दिलों का संगम

दो दिलों का संगम है बड़ी रूहानी
मोहब्बत में होता है यह बड़ी दिवानी
जैसे होता है मिलन गंगा-जमुना का
वैसे सुहाना होता है मिलन दो दिलों का

— Raj

25. तन्हा इंसान

चित्र प्रतियोगिता - 86
दुनिया की इस भीड़ में तन्हा इन्सान रह जाता है।
एकजुटता से ग़र हम बढे तो दुनिया क़दमों में है।।

आओ चलो हम चलते है मिलकर उस राह में।
ख़ा लें कसम जुदा न होंगे हम तराक्की की राह में।।
— Raj

26. योग रखे निरोग

योग रखे निरोग
दुनिया में योग है स्वास्थ्य के लिए लाभकारी
योग रखे निरोग हमें ज़रूरत नहीं है औषधि

योग रखे स्वस्थ ये तन मन और जीवन हुमारा
इससे बड़ा धन दुनिया में और कोई नहीं दूजा
— Raj

27. जीवन संगीत

जीवन संगीत

गाना पड़ता है जीवन संगीत हर दिल को यहाँ
जब तक जान है तब तक बनता है संगीत यहाँ

कभी दुःखद वाणी तो कभी मधुर संगीत है यहाँ
जिसे है गाना आया वो ही सिकंदर कहलाये यहाँ

— Raj

28. गुड़ से मीठा इश्क़

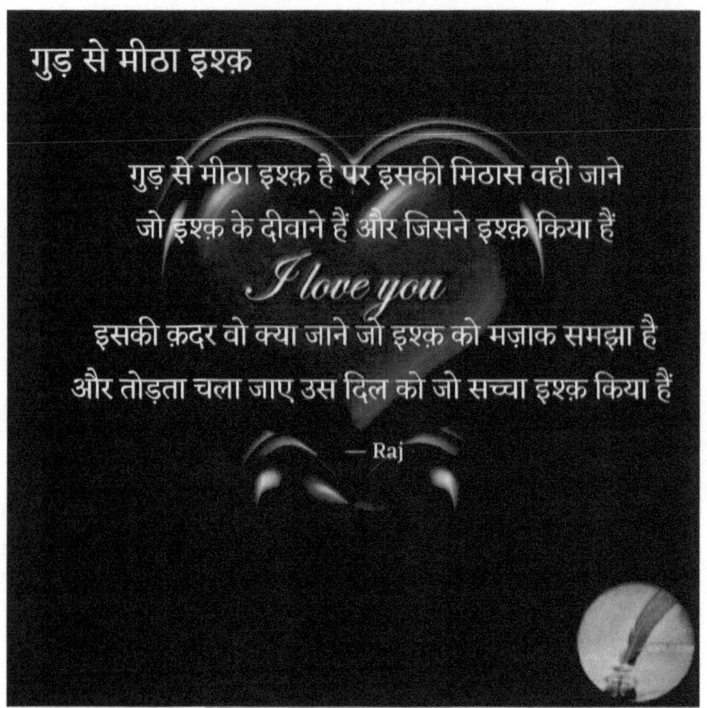

गुड़ से मीठा इश्क़

गुड़ से मीठा इश्क़ है पर इसकी मिठास वही जाने
जो इश्क़ के दीवाने हैं और जिसने इश्क़ किया हैं
I love you
इसकी क़दर वो क्या जाने जो इश्क़ को मज़ाक समझा है
और तोड़ता चला जाए उस दिल को जो सच्चा इश्क़ किया हैं
— Raj

29. उसकी महक

उसकी महक

गुलाब सी उसकी महक मन को छू गया
मध भरा उसकी होंठ दिल को छू गया
तीखी सी उसकी नज़र मुझें घायल कर गया
मोहब्बत में उसकी मुझें पागल कर गया

— Raj

30. इंतज़ार की घड़ियाँ

इंतज़ार की घड़ियाँ
इंतज़ार की घड़ियाँ न जाने कब ख़त्म हो
ज़िन्दगी में न जाने कब मेरा भी सनम हो
लोग कहते हैं इंतज़ार का फल मीठा होता है
उम्र गुज़र गया पर वो मीठा फल नज़र न आए
– Raj

31. फ़नकार

32. दिल का क्या कसूर

दिल का क्या कसूर

इश्क़-ए-मोहब्बत की इस बाज़ार में
कोई दिल का मोल लगाए यह अच्छी बात नहीं।

मोहब्बत पाक और अनमोल होते है
कोई मोल नहीं लगा सकते यह लोग समझे नहीं।

तुम पर यह दिल आ गया और
इश्क़-ए-मोहब्बत हो गया इसमें दिल का क्या कसूर हैं।

यह दिल की बात है जिसे दिलवाले
ही जानते हैं यह लोगों का काम नहीं।

— Raj

33. कसमें वादे

कसमें वादे

इश्क़-ए-मोहब्बत की है तुमसे कसमें वादे निभायेंगे हम सनम
तुम संग प्रीत लगाया है मैंने तेरे सिवा दूजा न कोई मेरा सनम
दुनिया से अलग हम अपनी दुनिया बसाएंगे जहाँ पर प्यार फले सनम
अब तो तेरे संग ही जीना है तेरे संग ही मर जायेंगे हम सनम

— Raj

34. दिल के बदले दिल

दिल के बदले दिल

इश्क़-ए-मोहब्बत किया है मैंने तुमसे।
इज़हार-ए-इश्क़ की तमन्ना लिए।
साहिब-ए-दिल दिए है तुमको मैंने।
बस दिल के बदले दिल देना हैं।

— Raj

35. वेदना के स्वर

इश्क़-ए-मोहब्बत में इतना रुसवा हुआ
दिल-ए-नादान जो टूट कर बिकार गया
तुम हमसे जो रूट कर चली गयी
दर्द और वेदना के स्वर न पहचान सका
— Raj

36. नाकाम सी कोशिशें

नाकाम सी कोशिशें

इश्क़-ए-मोहब्बत में इस क़दर धोका खाये हैं हम
दिल को संभाले नाकाम सी कोशिशें किये है हम

दिल चीर कर दिखाया तुम्हें तब भी ना माना तुम
मुबारक हो ज़िन्दगी मेरे सिवा सदा खुश रहो तुम

— Raj

37. नज़राना

इश्क़ का महीना हैं बेपनाह इश्क़ किया है
तुम्हारे लिए ही मैं सारी दुनिया छोड़ चले हैं

चलते चलते इज़हार-ए-इश्क़ किया हैं
दिवाना तेरा एक नज़राना लेकर आया हैं

— Raj

38. तेरी ख़ुशी थी अज़ीज़

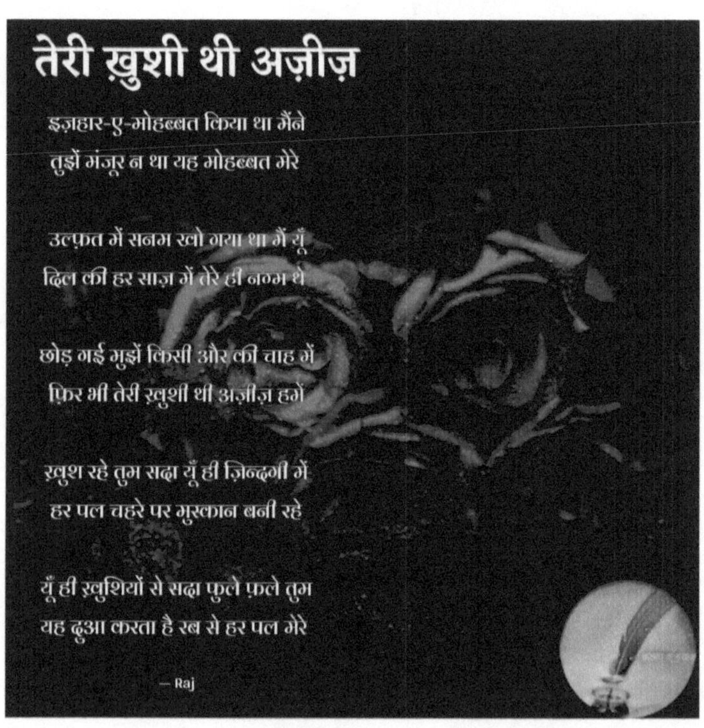

तेरी ख़ुशी थी अज़ीज़

इज़हार-ए-मोहब्बत किया था मैंने

तुझें मंज़ूर न था यह मोहब्बत मेरे

उल्फ़त में सनम खो गया था मैं यूँ

दिल की हर साज़ में तेरे ही नग़्म थे

छोड़ गई मुझें किसी और की चाह में

फिर भी तेरी ख़ुशी थी अज़ीज़ हमें

ख़ुश रहे तुम सदा यूँ ही ज़िन्दगी में

हर पल चहरे पर मुस्कान बनी रहे

यूँ ही ख़ुशियों से सदा फुले फ़ले तुम

यह दुआ करता है रब से हर पल मेरे

— Raj

39. पाजेब

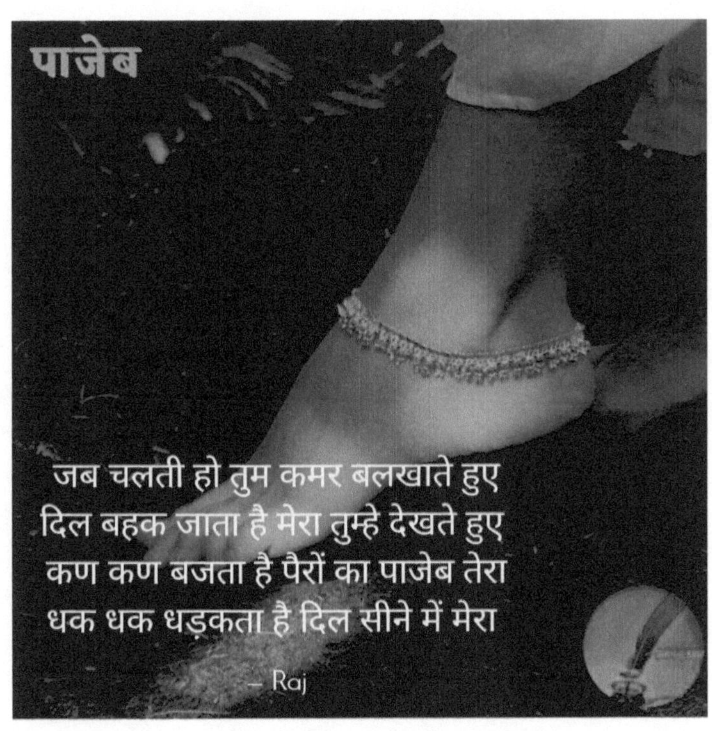

पाजेब

जब चलती हो तुम कमर बलखाते हुए
दिल बहक जाता है मेरा तुम्हे देखते हुए
कण कण बजता है पैरों का पाजेब तेरा
धक धक धड़कता है दिल सीने में मेरा

— Raj

40. प्यार करके देखो

प्यार करके देखो

जहाँ देखूँ मैं वहाँ नफ़रत की आग दिखाई देता है
नफ़रत की इस चिंगारी को प्यार से बुजा देना है
थोड़ा सा प्यार करके देखो दिल कितना बहलाता है
दिल की बहलाने से ख़ुशियाँ कितना मिलता है

— Raj

41. जीने की आरज़ू

जीने की आरज़ू है अभी

जीने की आरज़ू है अभी मिल जाए तुम मुझें कभी
मरना तो है एक दिन क्यों ना मिलकर जिए अभी

आजाओ ज़िन्दगी में मेरे दिल में बहार बनकर
वीरान सी इस ज़िन्दगी में फूलों सा निखार बनकर

— Raj

42. हक़ीक़त से दूर

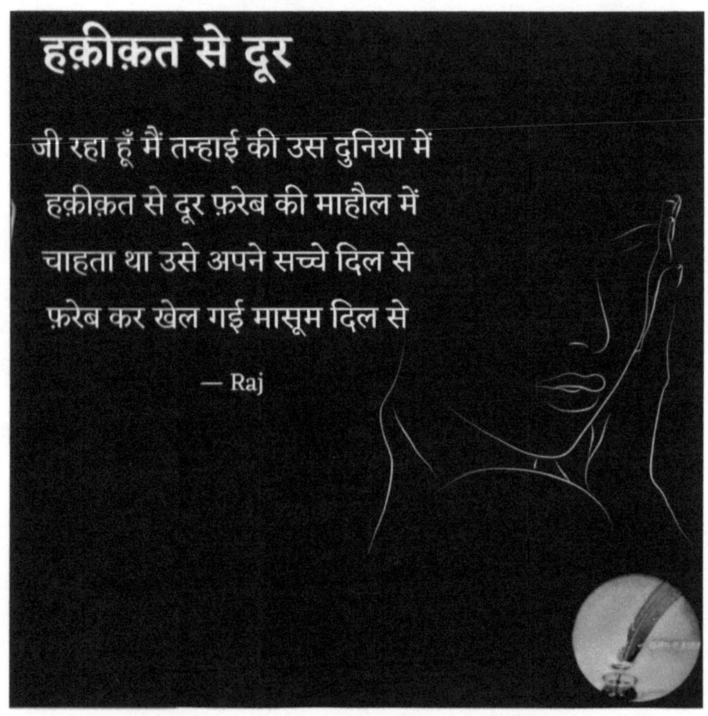

हक़ीक़त से दूर

जी रहा हूँ मैं तन्हाई की उस दुनिया में
हक़ीक़त से दूर फ़रेब की माहौल में
चाहता था उसे अपने सच्चे दिल से
फ़रेब कर खेल गई मासूम दिल से

— Raj

43. अपाहिज की महनत

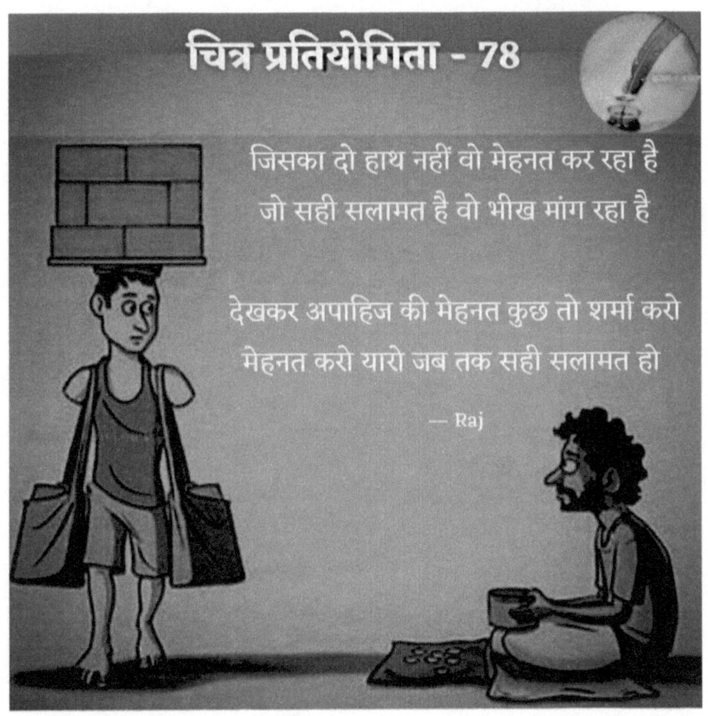

44. ज़िंदगी क्या है

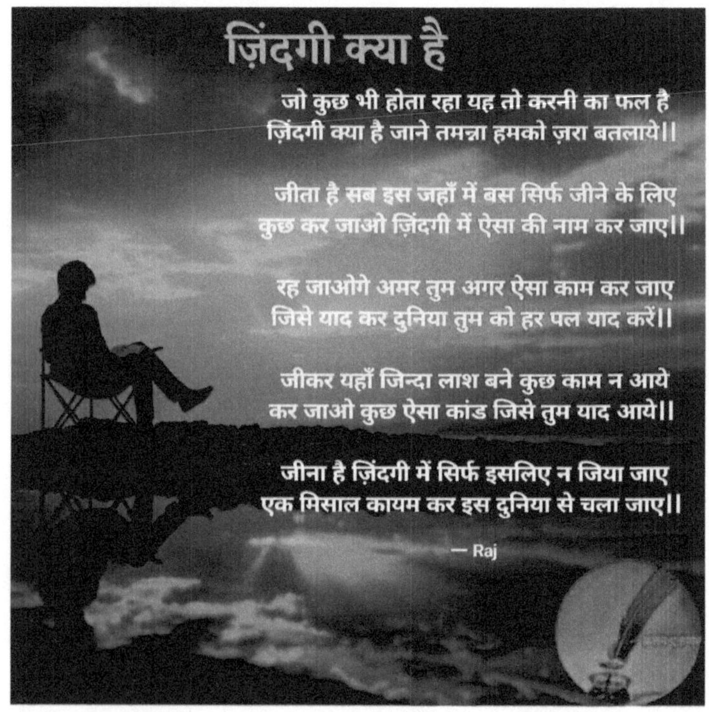

ज़िंदगी क्या है

जो कुछ भी होता रहा यह तो करनी का फल है
ज़िंदगी क्या है जाने तमन्ना हमको ज़रा बतलाये।।

जीता है सब इस जहाँ में बस सिर्फ जीने के लिए
कुछ कर जाओ ज़िंदगी में ऐसा की नाम कर जाए।।

रह जाओगे अमर तुम अगर ऐसा काम कर जाए
जिसे याद कर दुनिया तुम को हर पल याद करें।।

जीकर यहाँ जिन्दा लाश बने कुछ काम न आये
कर जाओ कुछ ऐसा कांड जिसे तुम याद आये।।

जीना है ज़िंदगी में सिर्फ इसलिए न जिया जाए
एक मिसाल कायम कर इस दुनिया से चला जाए।।

— Raj

45. काग़ज़ की नाव

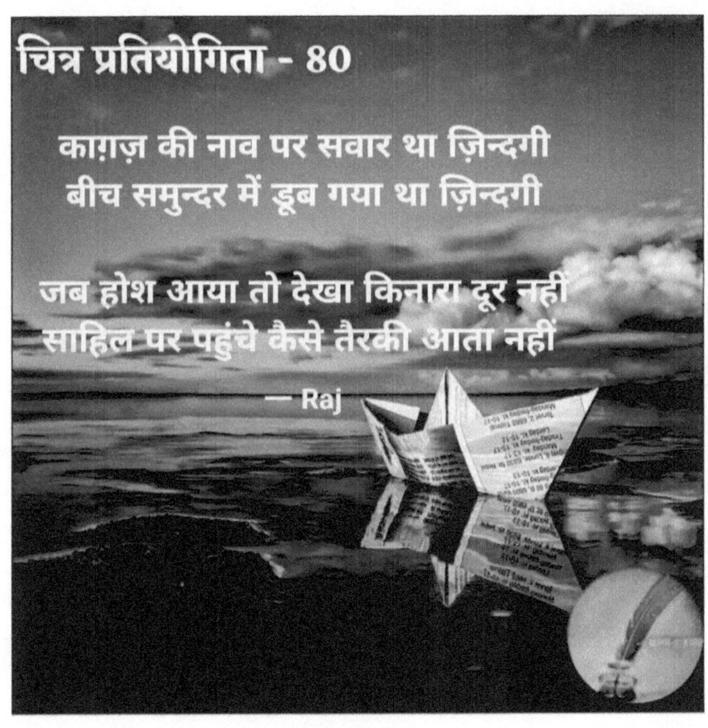

चित्र प्रतियोगिता - 80

काग़ज़ की नाव पर सवार था ज़िन्दगी
बीच समुन्दर में डूब गया था ज़िन्दगी

जब होश आया तो देखा किनारा दूर नहीं
साहिल पर पहुंचे कैसे तैरकी आता नहीं
— Raj

46. काँटों भरी राह

चित्र प्रतियोगिता

काँटों भरी राह पर रस्सी पर चलन
संभल कर नहीं चले तो गिरना तय

मुश्किल भरी है सफ़र इस दुनिया में
यहाँ चारो तरफ़ मिलेंगे सिर्फ खाई

जीना है यहाँ तो हौसला बुलंद कर
पार कर हर मुश्किलें पा लो विजय

संतुलन रकना यहाँ राह पर हर पल
सहीं दिशा जाना कहीं खो न जाय

— Raj

47. ख़ामोश निगाहें

• 47 •

ख़ामोश निगाहें
ख़ामोश निगाहें कह रही है बहुत कुछ
ज़रा पढ़ लो इसे समझ जाओगे कुछ-कुछ

दर्द-ए-दिल की दास्ताँ से भरें कहानी है
फिर भी छुप है लब से कह न सकूँ मैं

— Raj

48. ख़्वाब झूठे हैं

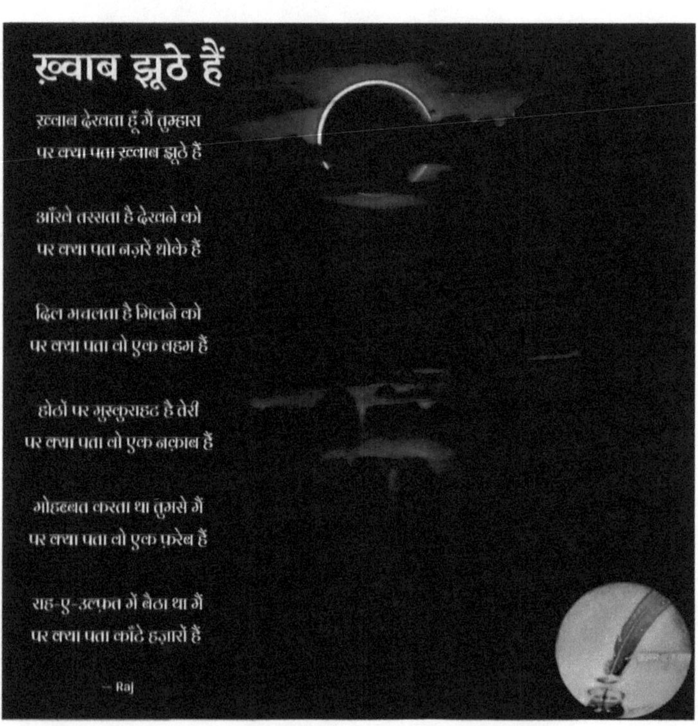
ख़्वाब झूठे हैं
ख़्वाब देखता हूँ मैं तुम्हारा
पर क्या पता ख़्वाब झूठे हैं

आँखे तरसता है देखने को
पर क्या पता नज़रें धोके हैं

दिल मचलता है मिलने को
पर क्या पता वो एक वहम है

होंठों पर मुस्कुराहट है तेरी
पर क्या पता वो एक नकाब है

मोहब्बत करता था तुमसे मैं
पर क्या पता वो एक फ़रेब है

राह-ए-उल्फ़त में बैठा था मैं
पर क्या पता काँटे हज़ारों हैं

— Raj

49. मंज़िल-ए-मक़्सूद

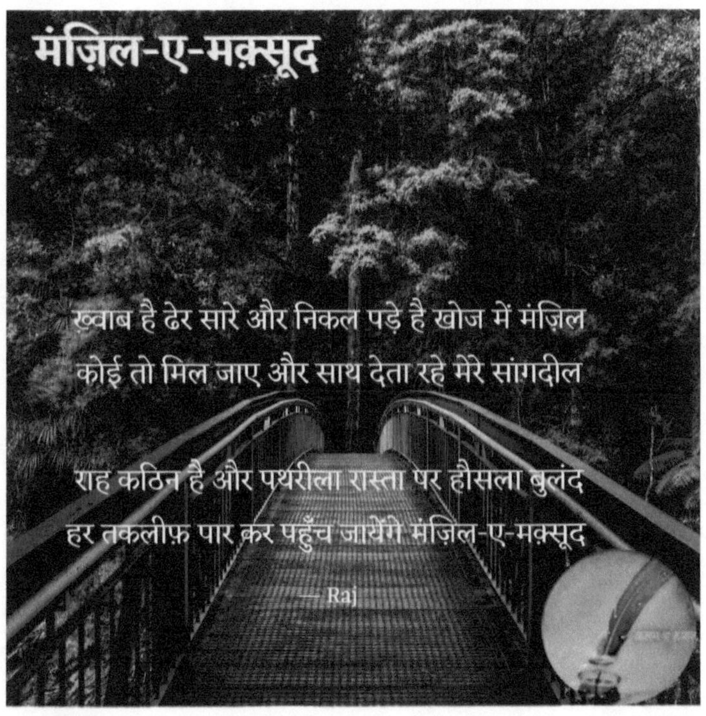

मंज़िल-ए-मक़्सूद

ख़्वाब है ढेर सारे और निकल पड़े है खोज में मंज़िल

कोई तो मिल जाए और साथ देता रहे मेरे सांगदील

राह कठिन है और पथरीला रास्ता पर हौसला बुलंद

हर तकलीफ़ पार कर पहुँच जायेंगे मंज़िल-ए-मक़्सूद

— Raj

50. तेरे आने से

तेरे आने से
खिल उठता है आशियाना दिल का मेरा
खुशबू की लहर से महक जाता ये मन मेरा

तुम नहीं तो उदास रहता ये ज़िन्दगी मेरा
तेरे आने से खुशियों से झूम उठता जहाँ मेरा

— Raj

51. हक़ीक़त से दूर

हक़ीक़त से दूर
खो गया हूँ मैं हक़ीक़त से दूर स्वपनो की नगरी में
सदा देख रहा हूँ मैं तुमसे मिलन की ख़्वाब अब मैं
मोहब्बत करता हूँ और चाहता हूँ तुम्हें जी जान से
न जाने मेरा यह ख़्वाब कब हक़ीक़त बन जाये
— Raj

52. खुबसूरत सा नज़ारा

53. जिसने कहा कल

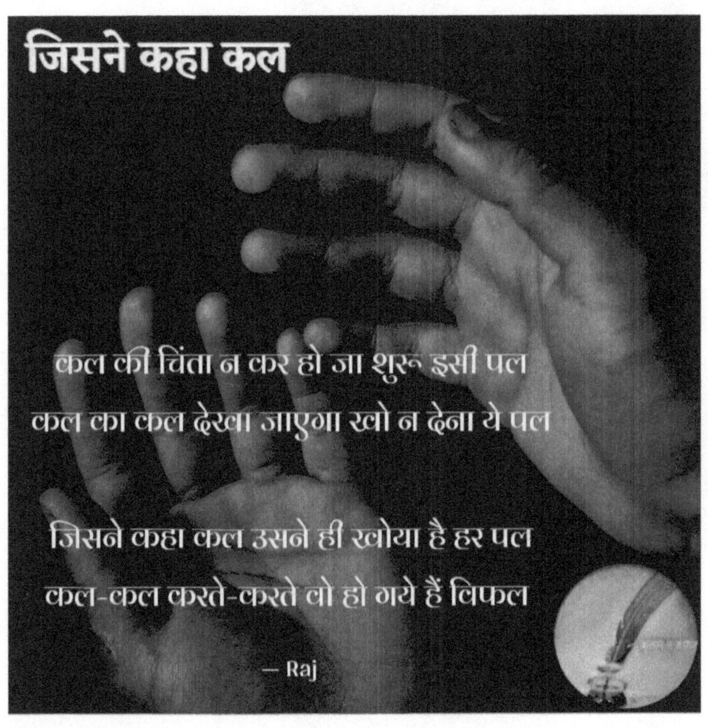

जिसने कहा कल

कल की चिंता न कर हो जा शुरू इसी पल

कल का कल देखा जाएगा खो न देना ये पल

जिसने कहा कल उसने ही खोया है हर पल

कल-कल करते-करते वो हो गये हैं विफल

— Raj

54. कदर और वक़्त

कदर और वक़्त
कर लो कदर और वक़्त की अहमियत जानो
यह दोनों न हो तो मुश्किल हो जाता है जीना

वक़्त जो चला गया वो वापिस नहीं आता
कदर उसकी कर के जीवन को है निभाना

जिसे कदर नहीं वक़्त की वो कहीं नहीं पहुँचता
मंज़िल को पाते-पाते रह जाता है वो तड़पता

— Raj

55. कुछ अनकही सी बातें

55

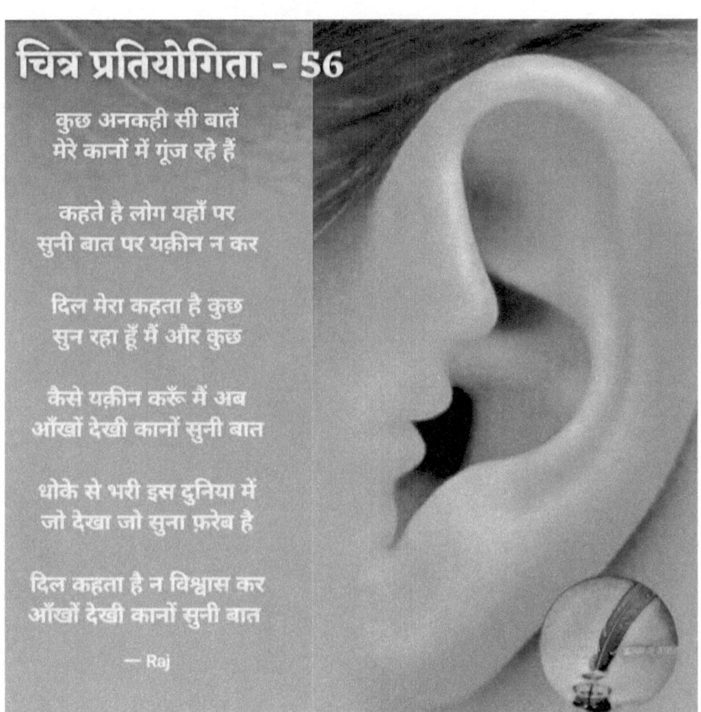

56. रूहानी रिश्ते

रूहानी रिश्ते

कुछ रिश्ते रूहानी होता हैं
अपनापन का शोर नहीं
मोह और लालच नहीं
रूहानी रिश्ते अमर होते हैं

— Raj

57. मौन

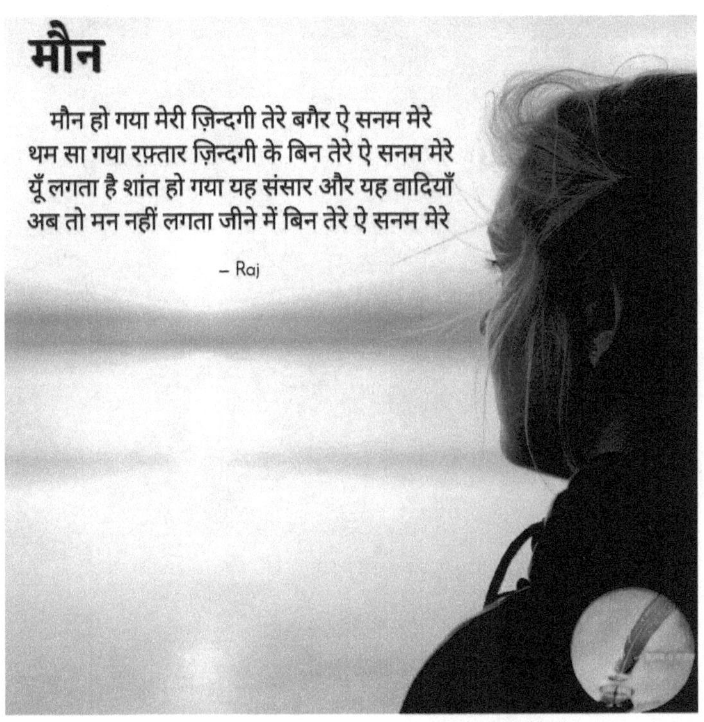

मौन

मौन हो गया मेरी ज़िन्दगी तेरे बगैर ऐ सनम मेरे
थम सा गया रफ़्तार ज़िन्दगी के बिन तेरे ऐ सनम मेरे
यूँ लगता है शांत हो गया यह संसार और यह वादियाँ
अब तो मन नहीं लगता जीने में बिन तेरे ऐ सनम मेरे

– Raj

58. करोगे याद तो

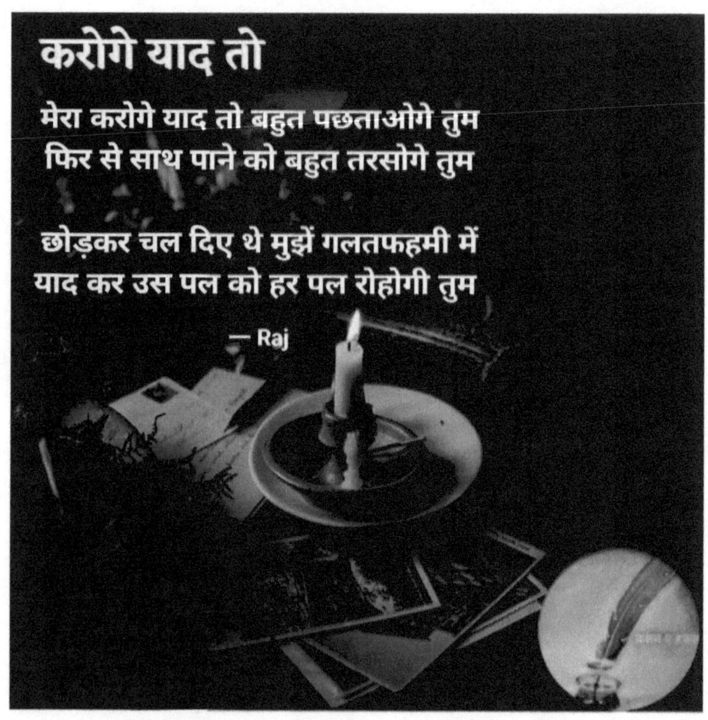

करोगे याद तो
मेरा करोगे याद तो बहुत पछताओगे तुम
फिर से साथ पाने को बहुत तरसोगे तुम

छोड़कर चल दिए थे मुझें गलतफहमी में
याद कर उस पल को हर पल रोहोगी तुम
— Raj

59. उड़ान बाकी है

उड़ान बाकी है

मन में ख़्वाब बहुत है और ख़्वाहिशे बाकी है
करना बहुत कुछ चाहते है पर चाहत बाकी है

मंज़िल भी अब बहुत दूर है पर रास्ते बाकी है
मंज़िल-ए-तकदीर की और अभी उड़ान बाकी है

— Raj

60. इक भूल

इक भूल

मोहब्बत किया था मैंने तुमसे
ये क्या सिला दिया तुमने मुझें

विश्वास कर इक भूल हो गया
तुमने दिल ही मेरा तोड़ दिया

— Raj

61. हम-ख़्याल

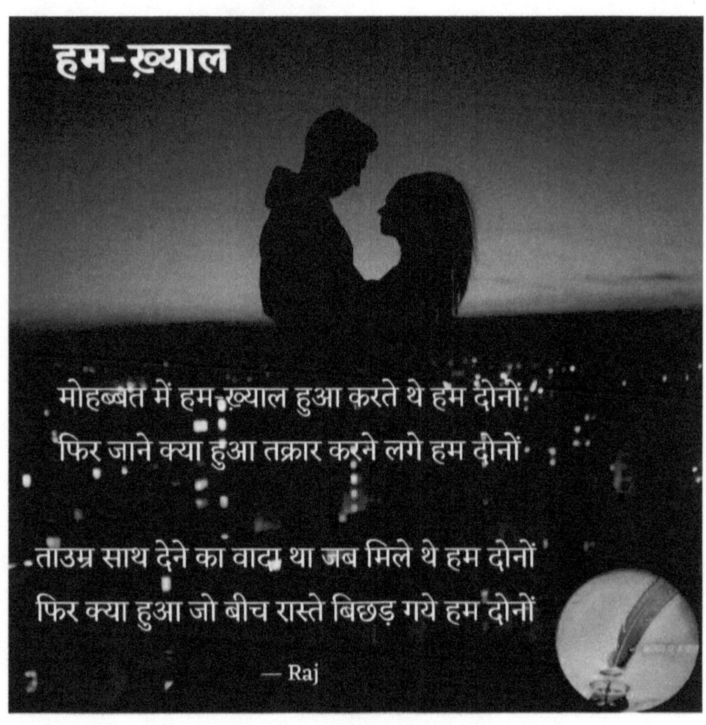

हम-ख़्याल

मोहब्बत में हम ख़्याल हुआ करते थे हम दोनों
फिर जाने क्या हुआ तक़रार करने लगे हम दोनों

ताउम्र साथ देने का वादा था जब मिले थे हम दोनों
फिर क्या हुआ जो बीच रास्ते बिछड़ गये हम दोनों

— Raj

62. मोहब्बत उसे भी थी

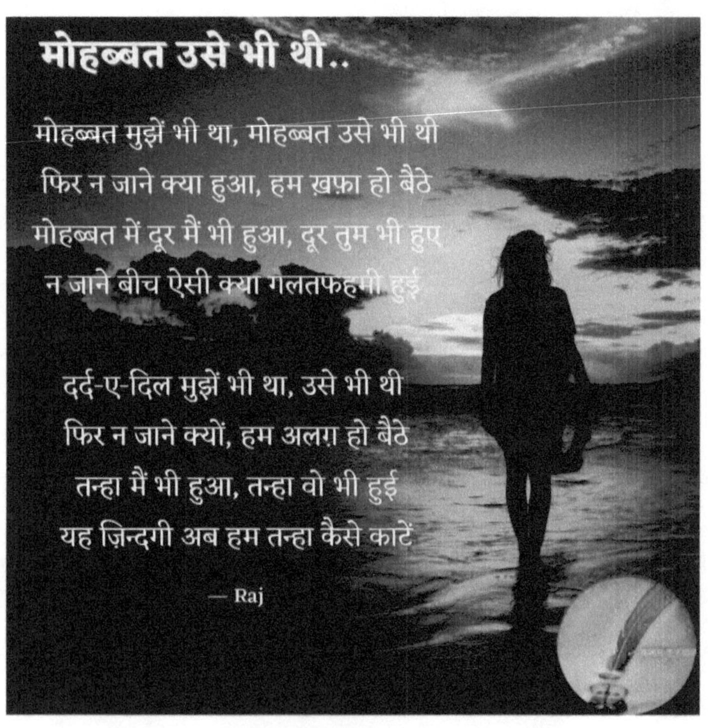

63. ख़्वाहिशों का जामा

ख़्वाहिशों का जामा

निकल पड़े थे ज़िन्दगी में लेकर कही ख़्वाहिशों का जामा
चलते चलते यहाँ कुछ हुआ पूरा और कुछ रह गया अधूरा

जो ख़्वाहिश अधूरा रह गया अब उस ख़्वाहिश को पाना है
मेहनत कर अपनी इस ज़िन्दगी में हर ख़ुशियों को पाना हैं

— Raj

64. खोने का डर

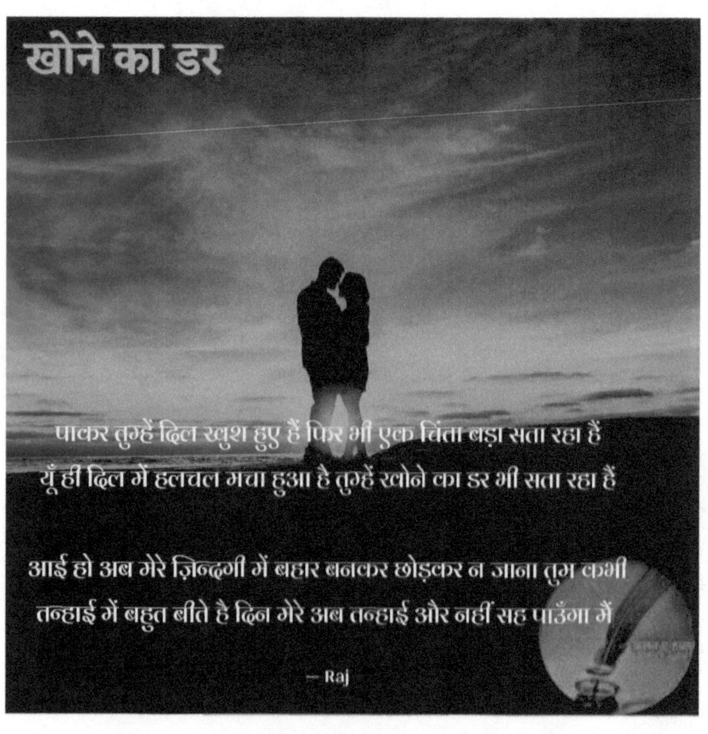

खोने का डर
पाकर तुम्हें दिल खुश हुए हैं फिर भी एक चिंता बड़ा सता रहा हैं
यूँ ही दिल में हलचल मचा हुआ है तुम्हें खोने का डर भी सता रहा हैं

आई हो अब मेरे ज़िन्दगी में बहार बनकर छोड़कर न जाना तुम कभी
तन्हाई में बहुत बीते है दिन मेरे अब तन्हाई और नहीं सह पाऊँगा मैं

— Raj

65. फल की इच्छा

चित्र प्रतियोगिता - 64
फल की इच्छा न करो बस बोते चले जाओ
सींचो दिलो जाने से और मेहनत का फल पाओ

इस दुनिया की रीत रही जैसी करनी वैसी है भरनी
बोहोगे तुम फूल तो बदले में सिर्फ फूल है मिलनी

बोहोगे तुम नफ़रत तो बेशुमार नफ़रत को है पाना
गर बोहोगे तुम इश्क़ तो बेशुमार इश्क़ को है पाना

– Raj

66. तेरा इंतज़ार

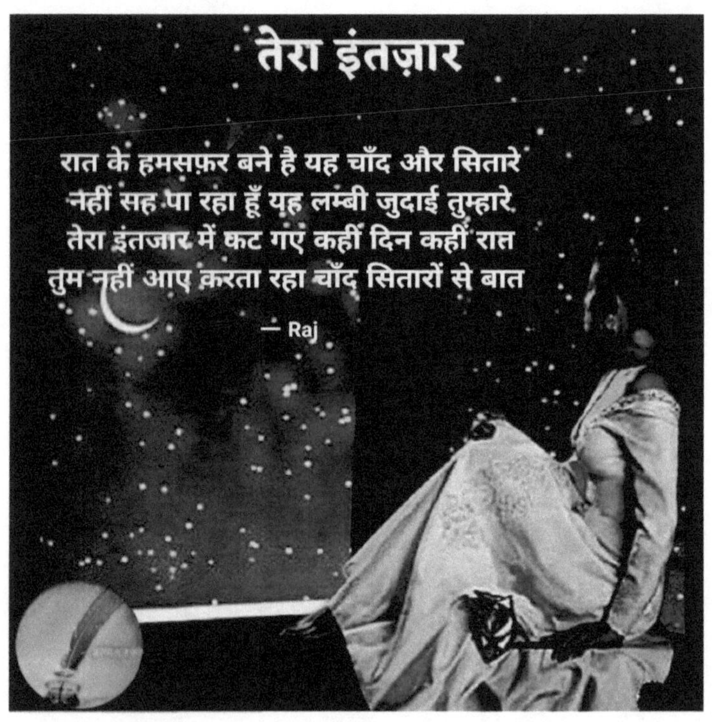

तेरा इंतज़ार
रात के हमसफ़र बने है यह चाँद और सितारे
नहीं सह पा रहा हूँ यह लम्बी जुदाई तुम्हारे
तेरा इंतजार में कट गए कहीं दिन कहीं रात
तुम नहीं आए करता रहा चाँद सितारों से बात
— Raj

67. राज़ न आया मुझे

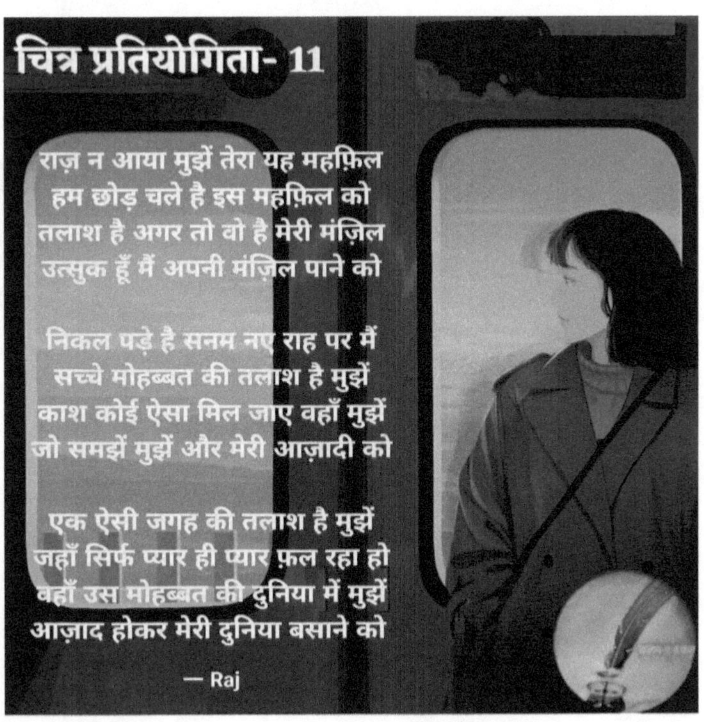

चित्र प्रतियोगिता- 11
राज़ न आया मुझें तेरा यह महफ़िल
हम छोड़ चले है इस महफ़िल को
तलाश है अगर तो वो है मेरी मंज़िल
उत्सुक हूँ मैं अपनी मंज़िल पाने को

निकल पड़े है सनम नए राह पर मैं
सच्चे मोहब्बत की तलाश है मुझें
काश कोई ऐसा मिल जाए वहाँ मुझें
जो समझें मुझें और मेरी आज़ादी को

एक ऐसी जगह की तलाश है मुझें
जहाँ सिर्फ प्यार ही प्यार फल रहा हो
वहाँ उस मोहब्बत की दुनिया में मुझें
आज़ाद होकर मेरी दुनिया बसाने को

— Raj

68. रिमज़ीम सी बारिश

चित्र प्रतियोगिता - 49
रिमज़ीम सी बारिश और मौसम सुहाना
खिल जाए फूल और दिल का लगाना
यूँ चारों तरफ़ हरयाली ही हरयाली हो
गले लग एक दूसरे से और प्रेम मिलन हो
— Raj

69. बेआबरू

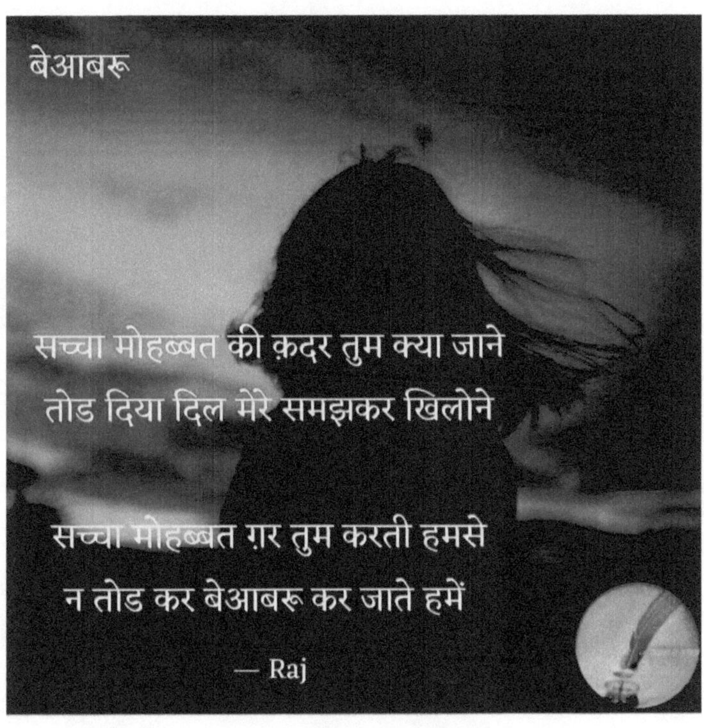

बेआबरू

सच्चा मोहब्बत की क़दर तुम क्या जाने
तोड दिया दिल मेरे समझकर खिलोने

सच्चा मोहब्बत ग़र तुम करती हमसे
न तोड कर बेआबरू कर जाते हमें

— Raj

70. शायर गुमनाम

शायर गुमनाम

शायरी, कलम और कागज़ का रिश्ता है बरसो पुराना
लिखता चला जाता हूँ मैं जब कुछ नया है बनता

मैं शायर गुमनाम हूँ बस अपने रास्ते निकल पड़ा
जहाँ मुक्काम हुआ वहाँ बस लिखता चला गया

– Raj

71. शब्दों की चोट

शब्दों की चोट
शब्दों की चोट दिल पर वार करता है
इससे दर्द-ए-दिल बेशुमार होता होता है
कोई मरहम इसका इलाज नहीं करता है
इसकी चोट से लोग चूर-चूर हो जाता है
— Raj

72. सिक्कों की खनक

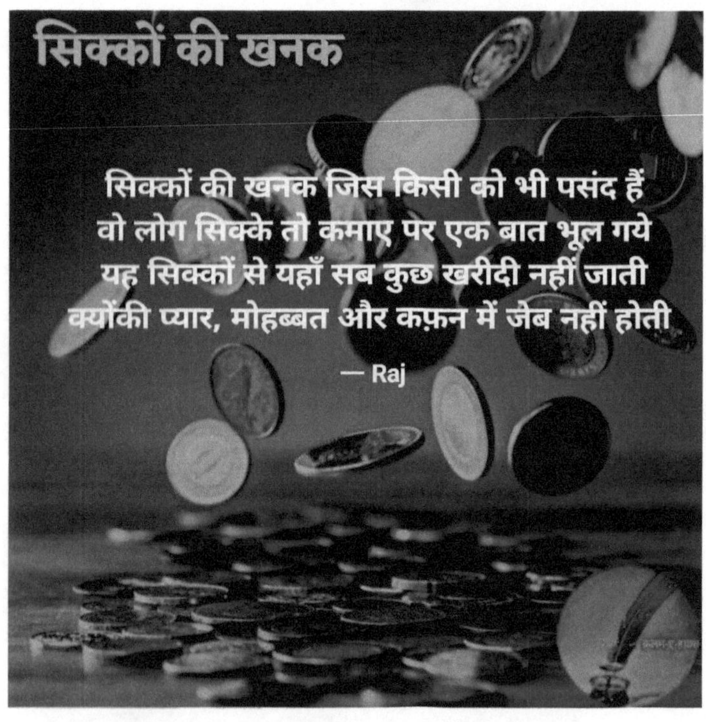

सिक्कों की खनक

सिक्कों की खनक जिस किसी को भी पसंद हैं
वो लोग सिक्के तो कमाए पर एक बात भूल गये
यह सिक्कों से यहाँ सब कुछ खरीदी नहीं जाती
क्योंकी प्यार, मोहब्बत और कफ़न में जेब नहीं होती

— Raj

73. संचार माध्यम

संचार माध्यम की आदत इस क़दर हो गया है
इन्सान को यहाँ उसकी लत सी हो गया है

वो चाहे कुछ भी क्यों न भर दे दिमाग़ में
इन्सान उस पर ही भरोसा कर बैठते हैं

चाहे वो सच्चा ख़बर हो या हो फिर झूठा
इन्सान उसे सच्च समझ कर ही जीते है

— Raj

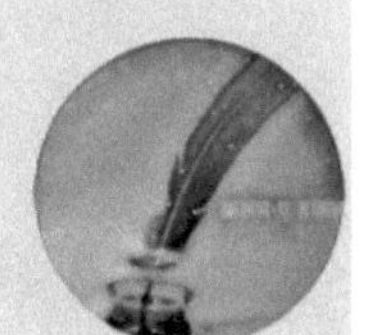

74. उनकी चिट्‌टी पढ़कर

75. फ़िदा

76. तेरा इन्तज़ार है

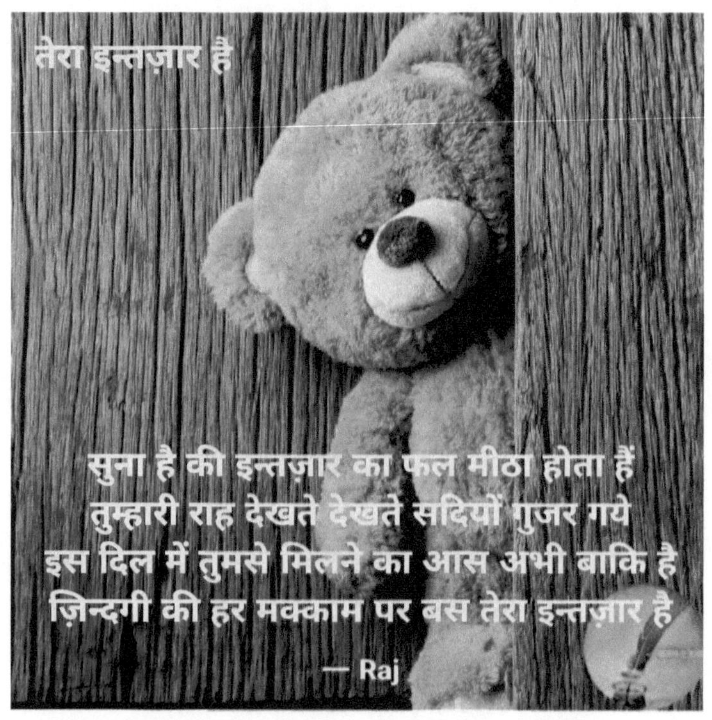

तेरा इन्तज़ार है
सुना है की इन्तज़ार का फल मीठा होता हैं
तुम्हारी राह देखते देखते सदियों गुजर गये
इस दिल में तुमसे मिलने का आस अभी बाकि है
ज़िन्दगी की हर मक्काम पर बस तेरा इन्तज़ार है
— Raj

77. कहीं तो आशियाना होगा

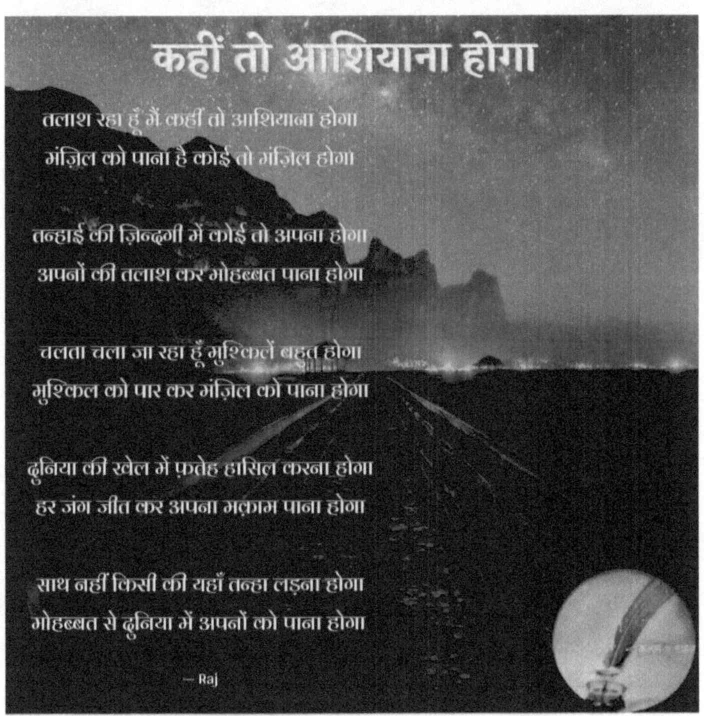

78. तमन्नाएं

तमन्नाएं

तमन्नाएं होती है हर इंसान में
जो कभी पूरी नहीं होती
कुछ पूरी होती हैं तो
कुछ अधूरी रह जाती

जब तमन्नाएं होती हैं
तितलियाँ मंडराती है दिलों में
आस लगाकर बैठते है वो
तमन्ना पूरी हो जाने की

जिसकी तमन्ना पूरी हुई
वो नसीबवान कहलातें है
और जिसकी नहीं हुई
वो बदकिस्मत कहलातें है

— Raj

79. ज़ेर-ए-लब

ज़ेर-ए-लब

तमसे गुफ़्तगू कर ली मैंने इश्क़-ए-मोहब्बत की

ज़ेर-ए-लब चुम कर मना ली इज़हार-ए-इश्क़ की

— Raj

80. तन्हा दिल

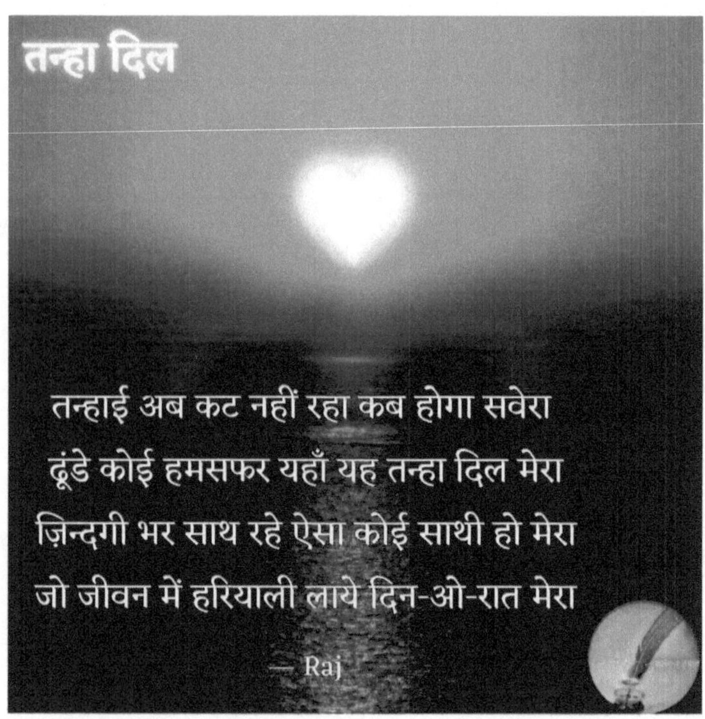

तन्हा दिल

तन्हाई अब कट नहीं रहा कब होगा सवेरा

ढूंडे कोई हमसफर यहाँ यह तन्हा दिल मेरा

ज़िन्दगी भर साथ रहे ऐसा कोई साथी हो मेरा

जो जीवन में हरियाली लाये दिन-ओ-रात मेरा

— Raj

81. आख़िर क्यूँ

आख़िर क्यूँ

वफ़ा-ए-मोहब्बत के बदले बेवफाई मिला मुझें
तेरी ख़ुशियाँ चाहता था दर्द-ए-जुदाई मिला मुझें

इस बेदर्द सा ज़माने में टोकर खाया है मैंने बहुत
आख़िर क्यूँ ख़ुशियों के बदले दर्द ही मिला बहुत

— Raj

82. हसीन पल

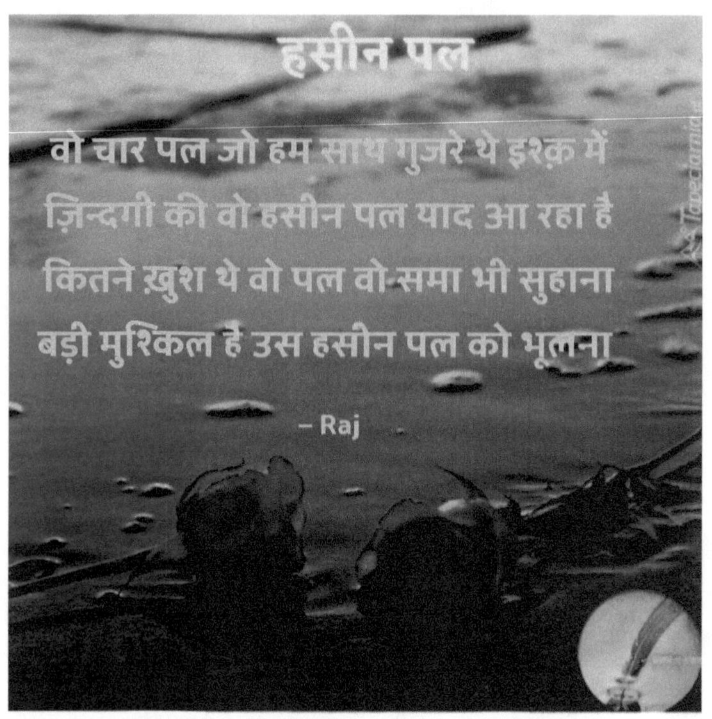

हसीन पल
वो चार पल जो हम साथ गुजरे थे इश्क़ में
ज़िन्दगी की वो हसीन पल याद आ रहा है
कितने ख़ुश थे वो पल वो समा भी सुहाना
बड़ी मुश्किल है उस हसीन पल को भूलना
– Raj

83. वक़्त की पुकार

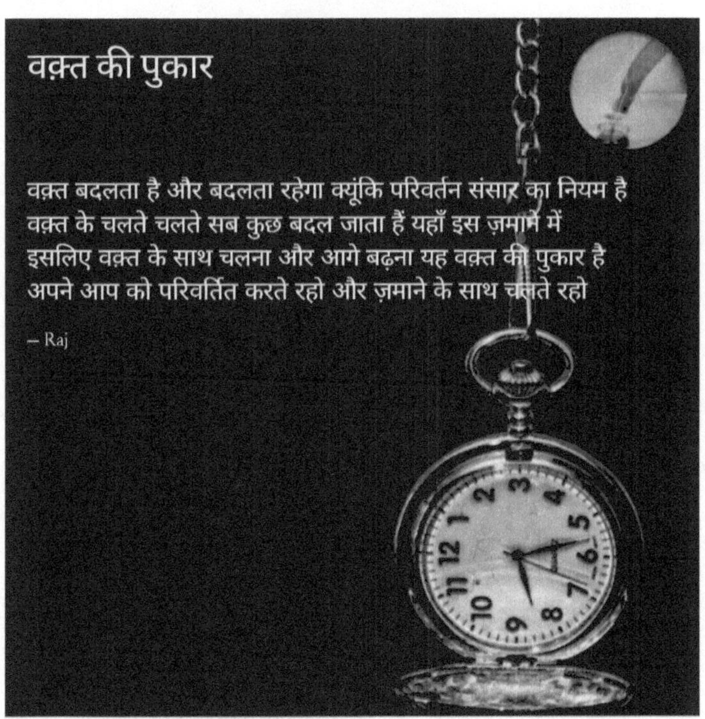

वक़्त की पुकार

वक़्त बदलता है और बदलता रहेगा क्यूंकि परिवर्तन संसार का नियम है
वक़्त के चलते चलते सब कुछ बदल जाता हैं यहाँ इस ज़माने में
इसलिए वक़्त के साथ चलना और आगे बढ़ना यह वक़्त की पुकार है
अपने आप को परिवर्तित करते रहो और ज़माने के साथ चलते रहो

— Raj

84. वक़्त की रेत पर

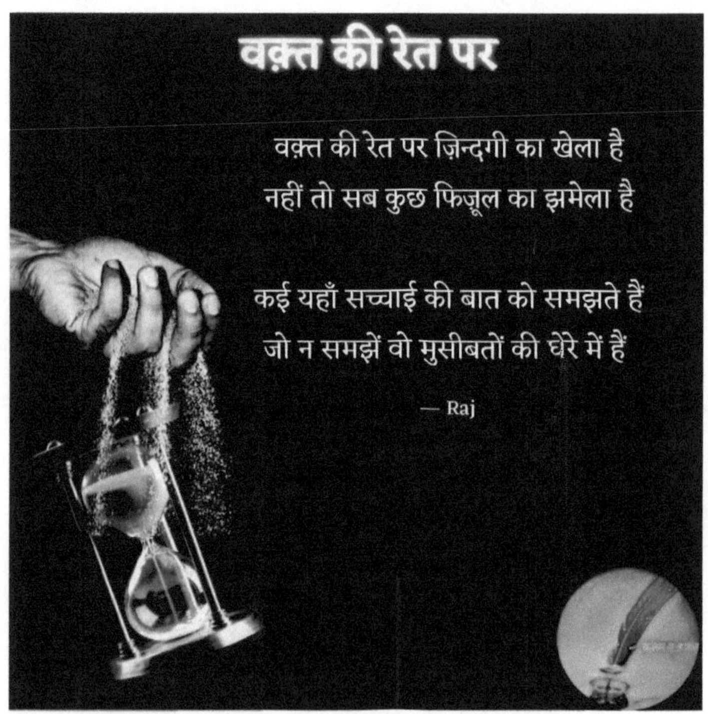

वक़्त की रेत पर

वक़्त की रेत पर ज़िन्दगी का खेला है
नहीं तो सब कुछ फिज़ूल का झमेला है

कई यहाँ सच्चाई की बात को समझते हैं
जो न समझें वो मुसीबतों की घेरे में हैं

— Raj

85. चिंता नहीं चिंतन

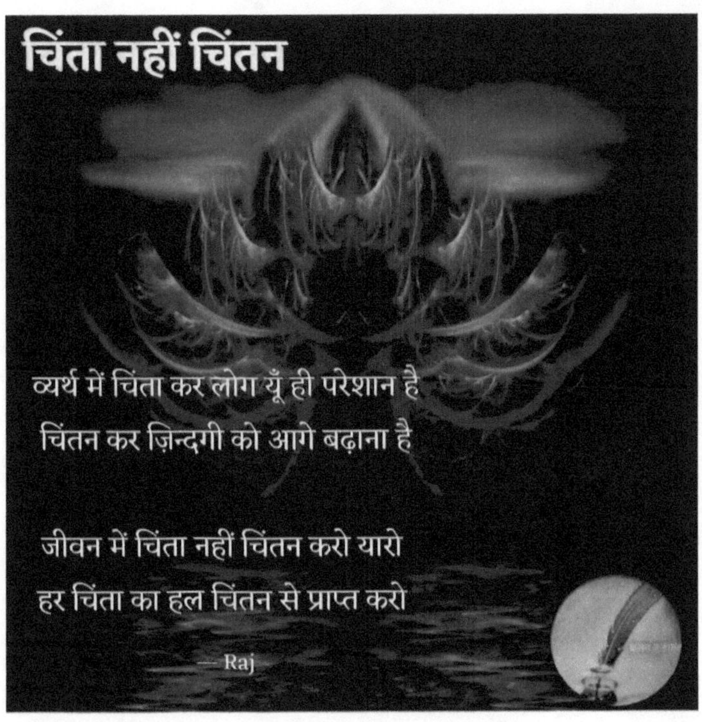

चिंता नहीं चिंतन

व्यर्थ में चिंता कर लोग यूँ ही परेशान है
चिंतन कर ज़िन्दगी को आगे बढ़ाना है

जीवन में चिंता नहीं चिंतन करो यारो
हर चिंता का हल चिंतन से प्राप्त करो

— Raj

86. खोया खोया चाँद

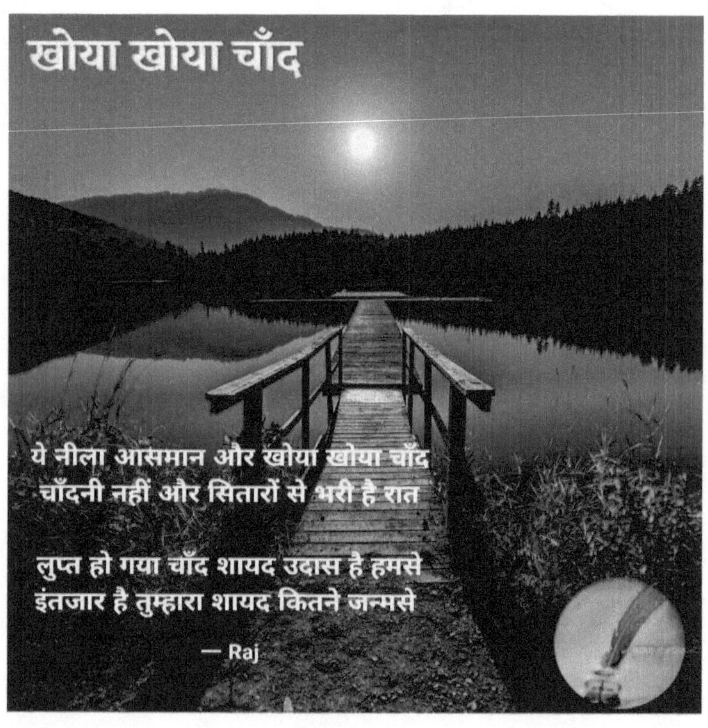

खोया खोया चाँद
ये नीला आसमान और खोया खोया चाँद
चाँदनी नहीं और सितारों से भरी है रात

लुप्त हो गया चाँद शायद उदास है हमसे
इंतजार है तुम्हारा शायद कितने जन्मसे
— Raj

87. उदासी

उदासी

ये तन्हाई और ये उदासी कब होगा मुझसे दूरी
चाहता था एक हमसफर कब होगा तमन्ना पूरी

राह देख उस नज़नीन का आँखें तक गया मेरा
उम्र भी अब ढलता चला गया इंतजार में तेरा

— Raj

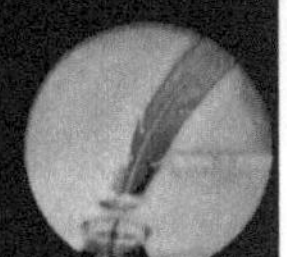

88. इश्क़ की तौहीन

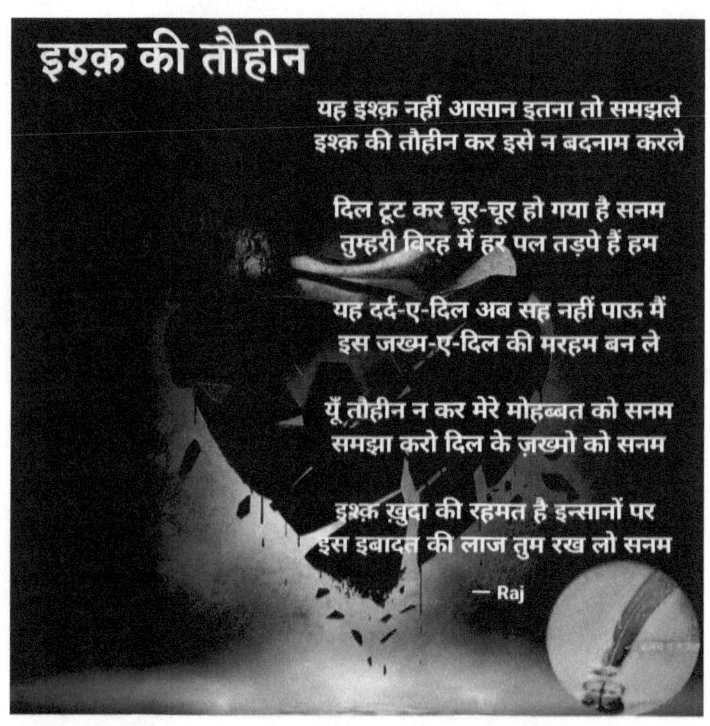

इश्क़ की तौहीन

यह इश्क़ नहीं आसान इतना तो समझले
इश्क़ की तौहीन कर इसे न बदनाम करले

दिल टूट कर चूर-चूर हो गया है सनम
तुम्हरी विरह में हर पल तड़पे हैं हम

यह दर्द-ए-दिल अब सह नहीं पाऊ मैं
इस जख्म-ए-दिल की मरहम बन ले

यूँ तौहीन न कर मेरे मोहब्बत को सनम
समझा करो दिल के ज़ख्मो को सनम

इश्क़ खुदा की रहमत है इन्सानों पर
इस इबादत की लाज तुम रख लो सनम

— Raj

89. किस्सा अतीत का

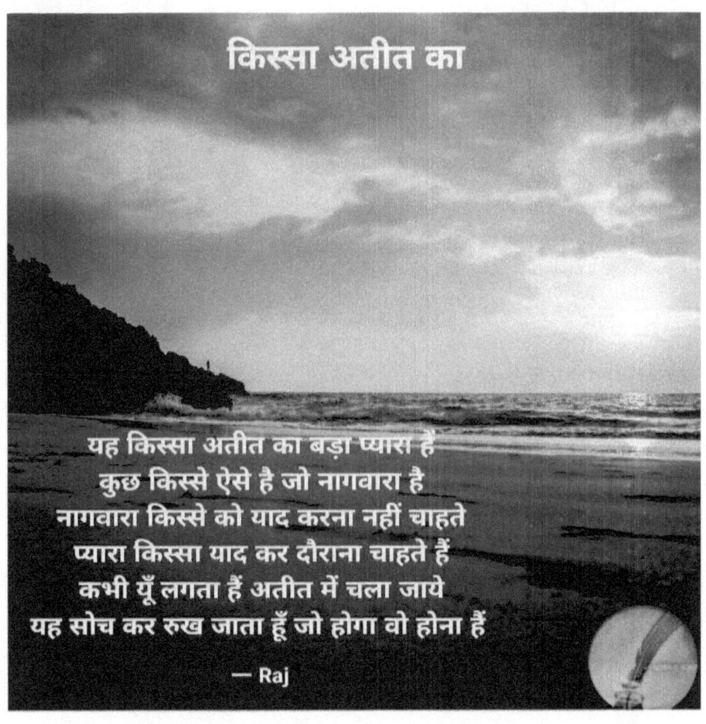

किस्सा अतीत का
यह किस्सा अतीत का बड़ा प्यारा हैं
कुछ किस्से ऐसे है जो नागवारा है
नागवारा किस्से को याद करना नहीं चाहते
प्यारा किस्सा याद कर दौराना चाहते हैं
कभी यूँ लगता हैं अतीत में चला जाये
यह सोच कर रुख जाता हूँ जो होगा वो होना हैं
— Raj

90. जीते हैं चल

जीते हैं चल

ज़िन्दगी हर एक पल जीते हैं चल
चाहे आंधी तूफान आ जाए हर पल

नफ़रत की दुनिया में मोहब्बत करते हैं
मोहब्बत के सहारे नफ़रत मिटा देते हैं
तुम अगर साथ हो मुश्किल आसान हैं
मोहब्बत का नया पाठ सीखा जाते हैं

ज़िन्दगी हर एक पल जीते हैं चल
चाहे आंधी तूफान आ जाए हर पल

आओ चले हम मोहब्बत की राह में
थोड़ा सा इश्क़ करके दुनिया बसाये
चार पल की ज़िन्दगी दो पल बीत गये
रह गये दो पल इश्क़ में हम गुज़ार लें

ज़िन्दगी हर एक पल जीते हैं चल
चाहे आंधी तूफान आ जाए हर पल

— Raj

91. हुनर ना सीखा

हुनर ना सीखा
ज़िन्दगी जीता गया
पर हुनर ना सीखा
बहाव में बहता गया
पर तैराकी ना सीखा

चोट खाता चला गया
पर मरहम ना सीखा
इश्क़ करता चला गया
पर नफ़रत ना सीखा

दिन गुज़रता चला गया
दिल का खेल ना सीखा
लोग खेलता चला गया
पर मैं फ़रेब ना सीखा

Raj

92. अज़ाब

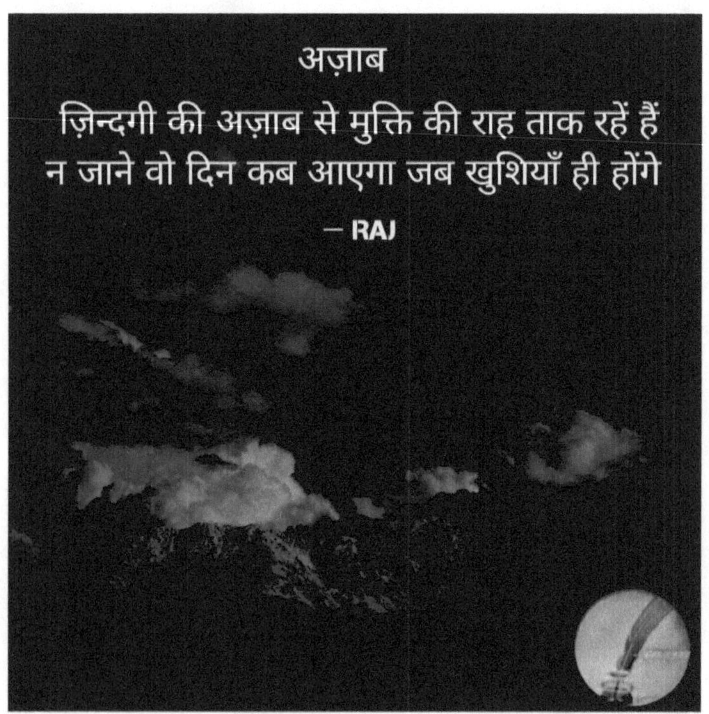

93. ज़िंदगी की बज़्म

ज़िंदगी की बज़्म
ज़िन्दगी की बज़्म में कोई नहीं सिर्फ तन्हाई है
जहाँ देखूँ अकेला है कोई नहीं है साथ यहाँ
जीवन पथ पर तन्हा है सब और तन्हाई यहाँ
अकेला ही आया था अकेला ही जायेगा वहाँ
— Raj

94. सोचा ना था

सोचा ना था
ज़िन्दगी की रुख इस क़दर बदल जाएगी यह सोचा ना था
किसी मोड़ पर जाकर इस क़दर थम जाएगी यह सोचा ना था
अपने सारे इस क़दर बिछड़ जाएंगे यह कभी सोचा ना था
जीवन पथ पर अकेला रह जाएंगे यह सोचा ना था

– Raj

95. रुखी रुखी सी ज़िंदगी

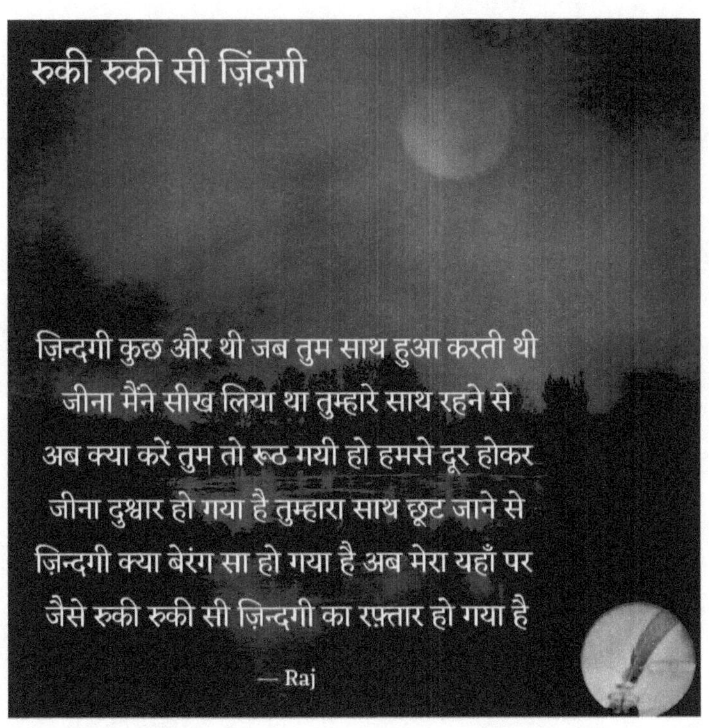

रुकी रुकी सी ज़िंदगी

ज़िन्दगी कुछ और थी जब तुम साथ हुआ करती थी

जीना मैंने सीख लिया था तुम्हारे साथ रहने से

अब क्या करें तुम तो रूठ गयी हो हमसे दूर होकर

जीना दुश्वार हो गया है तुम्हारा साथ छूट जाने से

ज़िन्दगी क्या बेरंग सा हो गया है अब मेरा यहाँ पर

जैसे रुकी रुकी सी ज़िन्दगी का रफ़्तार हो गया है

— Raj

96. दोराहे पर ज़िन्दगी

97. ख़ुशियों के बदले

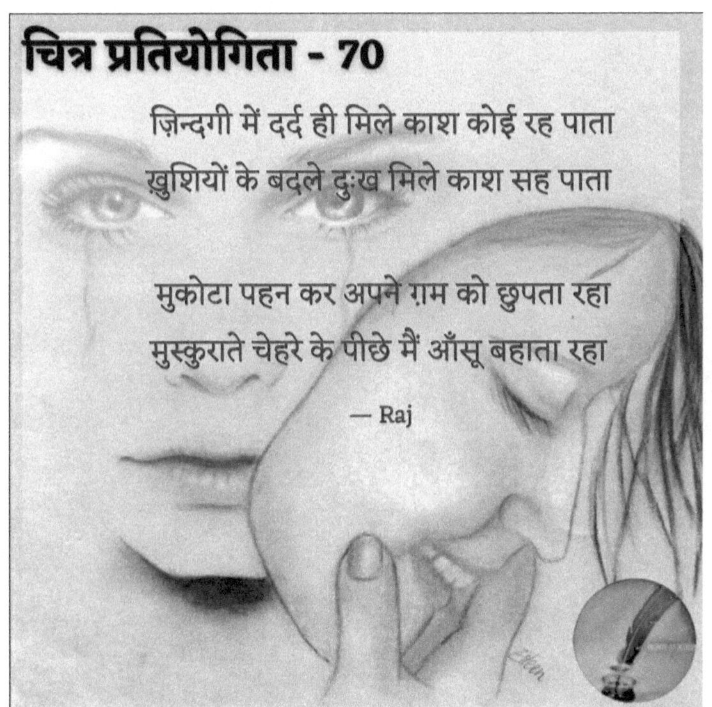

चित्र प्रतियोगिता - 70

ज़िन्दगी में दर्द ही मिले काश कोई रह पाता
ख़ुशियों के बदले दुःख मिले काश सह पाता

मुकोटा पहन कर अपने ग़म को छुपता रहा
मुस्कुराते चेहरे के पीछे मैं आँसू बहाता रहा

— Raj

98. ख़िताब

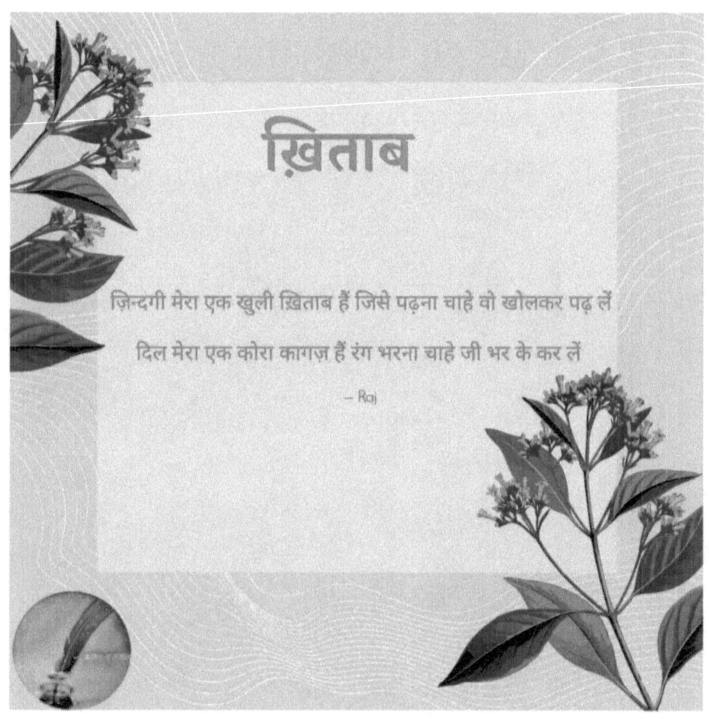

ख़िताब

ज़िन्दगी मेरा एक खुली ख़िताब हैं जिसे पढ़ना चाहे वो खोलकर पढ़ लें

दिल मेरा एक कोरा काग़ज़ हैं रंग भरना चाहे जी भर के कर लें

— Raj

99. ज़िंदगी रूठी रही

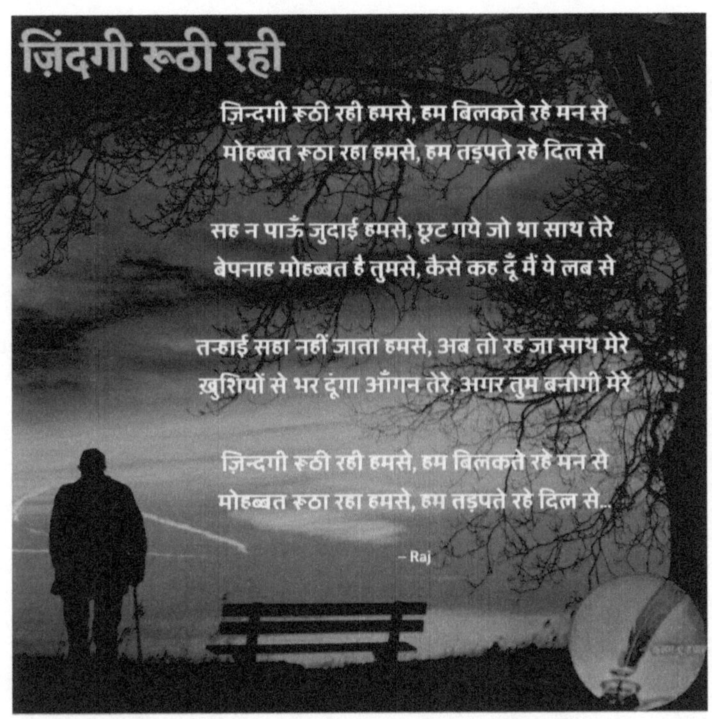

ज़िंदगी रूठी रही
ज़िन्दगी रूठी रही हमसे, हम बिलकते रहे मन से
मोहब्बत रूठा रहा हमसे, हम तड़पते रहे दिल से

सह न पाऊँ जुदाई हमसे, छूट गये जो था साथ तेरे
बेपनाह मोहब्बत है तुमसे, कैसे कह दूँ मैं ये लब से

तन्हाई सहा नहीं जाता हमसे, अब तो रह जा साथ मेरे
ख़ुशियों से भर दूंगा आँगन तेरे, अगर तुम बनोगी मेरे

ज़िन्दगी रूठी रही हमसे, हम बिलकते रहे मन से
मोहब्बत रूठा रहा हमसे, हम तड़पते रहे दिल से...

– Raj

100. रातों से लड़ना

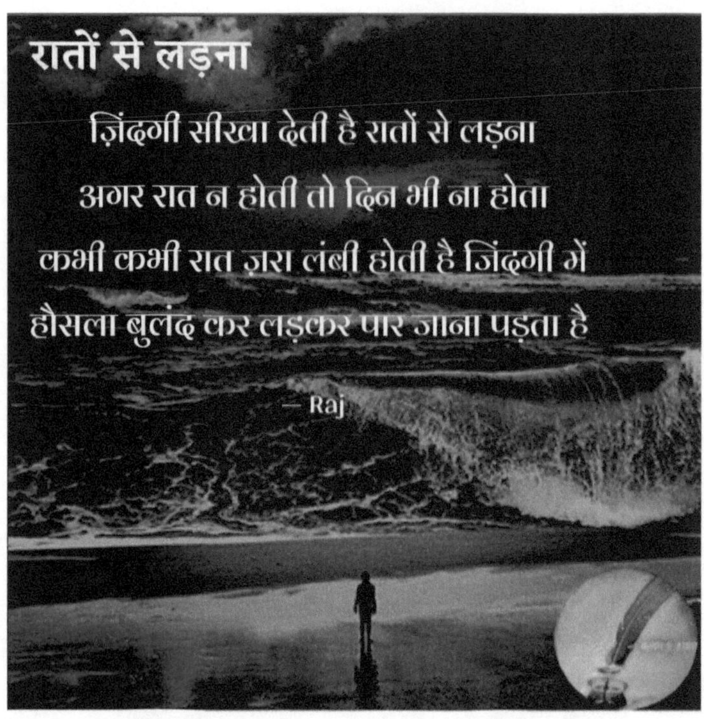

रातों से लड़ना
ज़िंदगी सीखा देती है रातों से लड़ना
अगर रात न होती तो दिन भी ना होता
कभी कभी रात ज़रा लंबी होती है ज़िंदगी में
हौसला बुलंद कर लड़कर पार जाना पड़ता है
— Raj

अस्वीकरण

सभी रचनाएँ कल्पना पर आधारित हैं। इसका लेखक के जीवन या ब्रह्मांड में किसी से कोई लेना-देना नहीं है। सभी लेख काल्पनिक हैं और किसी जीवित या मृत व्यक्ति से कोई समानता नहीं है। यदि कोई समानता है तो यह मात्र संयोग है।

लेखक की जीवनी

श्री के.सी. श्रीराज मेनन, जिनका जन्म केरल के एक संपन्न परिवार में 09 सितंबर 1973 को श्री कोझीपुरथ संकुन्नी मेनन और श्रीमती किज़हारा चालापुरथ सेथुलक्ष्मी मेनन के घर हुआ और महाराष्ट्र में अधिवासित हैं। वह बचपन से ही तेज-तर्रार शायरी करते थे, कहते और भूल जाते थे। एक बार उनके एक करीबी दोस्त ने इस पर गौर किया और उन्हें जो भी कविताएँ या उद्धरण कहते थे, उन्हें लिखने के लिए मजबूर किया और तब से उन्होंने लिखना शुरू कर दिया। उन्होंने अपनी कविताओं और उद्धरणों को अपने और अपने करीबी दोस्तों के पास तब तक सीमित रखा जब तक उन्हें अपने कामों को ऑनलाइन लिखने के लिए एक मंच नहीं मिला। वह Your Quote साइट पर एक सक्रिय लेखक हैं और उन्हें प्रतियोगिता के लिए कई प्रशंसापत्र और प्रमाणपत्र प्राप्त हुए हैं। वह एक बहुभाषी लेखक हैं और उनका लेखन विस्मयकारी है। चाहे वह अंग्रेजी, हिंदी, उर्दू, मलयालम और मराठी हो, वह सभी भाषाओं में उत्कृष्ट है। वह कई दिलचस्प लेखकों के लिए एक बड़ी प्रेरणा भी हैं। वह मुंबई विश्वविद्यालय से स्नातक हैं। वह एक एकाउंटेंट हैं और एक स्व-शिक्षित कंप्यूटर इंजीनियर भी हैं। उनके कौशल शीर्ष पायदान पर हैं और उनके पास कई प्रमाणपत्र हैं। अभिनय, लेखन, पेंटिंग और नृत्य और संगीत सुनना आदि... आदि उनके जुनून हैं।

Mail Id.: shreeraj_m@yahoo.co.uk